connaissance
D'UNE ŒUVRE

Jean-P

LES MOUCHES

Jean-Louis JEANNELLE
AGRÉGÉ DE LETTRES MODERNES
ÉLÈVE DE L'ÉCOLE NORMALE SUPÉRIEURE

Bréal éditions
1, rue de Rome - 93561 Rosny Cedex

Crédit photographique : photo de couverture ;
Sartre, © Roger-Viollet

ISBN 2 84291 350 7

Dépôt légal : août 1998.
ISBN 2 84291 239 X

AVANT-PROPOS

Jean-Paul Sartre écrit dans un article de février 1939, intitulé « M. François Mauriac et la liberté » :

> « Seules les choses *sont* : elles n'ont que des dehors. Les consciences ne sont pas : elles se font. »

C'est à partir de ce constat rigoureux que nous lirons *Les Mouches.* Sartre y met, en effet, en scène la figure d'Oreste, placé devant un conflit qu'il doit trancher en faisant librement un choix : partir d'Argos et abandonner cette ville à l'aliénation du remords ou endosser le rôle de justicier en tuant l'usurpateur Égisthe et en punissant Clytemnestre, sa mère.

Ce choix engagera toute son existence. Par ce double meurtre, il s'arrachera à la contingence qu'est l'existence de tout homme, et en finira avec la condition de « touriste » qui est la sienne au début de la pièce. La liberté, ce n'est donc pas seulement un état de fait, une ouverture des possibles, c'est avant tout la capacité qu'a un individu de saisir son existence, de s'y engager en se sachant responsable des choix qu'il fait.

Nous verrons que Sartre, avec l'expérience de la guerre, comprend la nécessité de distinguer la véritable liberté de ce qui n'en constitue qu'un avatar : une liberté abstraite, une pure disponibilité. Tout homme exerce sa liberté « en situation », il fait face à un ensemble de conditions qu'il a le choix d'affronter, d'ignorer, de refuser, d'accepter… Mais il n'est pas libre de ne pas être libre.

La leçon d'Oreste, c'est la révélation de ce destin de l'homme : sa propre liberté.

L'édition à laquelle il sera fait ici référence est celle de la collection « Folio », Gallimard, 1972.

L'auteur

SOMMAIRE

I

REPÈRES

Voici l'argument de la pièce, tel que le présentait le programme du théâtre de la Cité lors des saisons 1942/43, 1943/44 :

> « Argos. Une ville sombre sous un soleil de feu. Les mouches l'infestent, les remords l'accablent. Quinze ans plus tôt Clytemnestre, la femme du roi Agamemnon, l'a assassiné avec la complicité d'Égisthe. Égisthe a pris le pouvoir, il a institué des cultes étranges qui maintiennent ses sujets dans une abjecte humilité. Oreste, fils du roi mort, revient dans sa patrie : il ne songe point à venger son père, il aurait horreur de verser le sang : mais il est las de sa vie errante d'exilé, il voudrait retrouver une place, fût-ce la plus humble, dans sa ville natale. En vain. Sa sœur Électre, elle-même, le repousse : l'usurpateur l'a réduite au rang d'esclave, elle se dissimule sa honte sous des rêves de vengeance et de haine. Elle ne peut reconnaître en le jeune voyageur, hésitant et timide, doux comme une fille, le libérateur qu'elle attendait. Oreste s'en ira-t-il ? Reprendra-t-il le chemin de l'exil ? Voici qu'il découvre en lui une liberté singulière et terrible. Il tuera Égisthe et Clytemnestre, il délivrera les gens d'Argos et puis, il partira, emmenant avec lui toutes les mouches de la ville : car les mouches étaient les Érinnyes, les déesses des remords. Mais elles bourdonneront vainement

autour de sa tête. Oreste sait qu'il est libre, il assume librement son crime, il ne se repentira pas. »

1 - L'ENJEU DES *MOUCHES*

Pour quelle raison Sartre a-t-il choisi, afin de débuter sa carrière théâtrale, de prendre pour sujet le mythe si classique d'Oreste ? Le récit des malheurs des illustres descendants d'Atrée ne semble *a priori* pas être d'une grande actualité à l'époque où cette pièce est écrite, à partir d'octobre 1941, puis jouée pour la première fois, le 2 juin 1943. Alors que l'*Antigone* d'Anouilh, dont le titre évoquait, en février 1944, la figure traditionnelle de la résistance au pouvoir politique, devait à juste titre susciter de nombreux débats, il est plus difficile de justifier le choix de la figure d'Oreste dont l'existence est tout entière centrée autour de la vengeance du meurtre de son père Agamemnon.

De plus, ce choix peut prêter à ambiguïté en raison du goût très marqué de l'époque pour les tragédies grecques : on joue pendant l'Occupation des classiques comme Eschyle ou Euripide, mais aussi des dramaturges allemands. Ces derniers font de ces références à la Fatalité tragique, conçue comme l'acceptation par l'homme fautif de son destin, un instrument de propagande. Sartre aurait-il choisi de faire oublier les univers étriqués et troubles qu'il avait évoqués dans *La Nausée* ou *Le Mur* et qui avaient fait sa réputation dans le monde des lettres, afin de leur préférer la clarté des variations néoclassiques ?

■ Un personnage en quête de son destin

En réalité, Sartre ne réutilise qu'à peine les deux thèmes principaux de l'histoire d'Oreste et d'Électre : d'une part le thème de l'usurpation et de la reconquête par Oreste du pouvoir dont Égisthe avait dépouillé son père (l'Oreste de Sartre s'exile volontairement d'Argos après avoir accompli son crime), et d'autre part le thème de la vengeance. Ce second thème concerne plus précisément Clytemnestre, coupable d'avoir trahi son époux, et dont le sang répandu réclame à son tour vengeance contre Oreste. Sartre met en scène, au contraire, un Oreste devenu parfaitement étranger à sa terre et à sa famille d'origine. Celui-ci arrive dans cette ville au gré du hasard de ses voyages, et ne se reconnaît pas dans les rêves que sa sœur Électre nourrit à son égard. Pendant toute la première moitié de la pièce, il n'envisage que de fuir, ce qu'il finit par faire après avoir accompli un double meurtre pour lequel il ne se repent pas.

Élevé depuis l'âge de trois ans loin d'Argos, il ne trouve à son retour, quinze années après, qu'une ville écrasée sous le repentir d'un crime que, en tant que fils d'Agamemnon, il est le seul à pouvoir venger. Mais ce destin tout tracé lui est aussi étranger que cette sœur : Électre se plaint de sa condition d'esclave mais refuse d'y échapper en fuyant. Ceci parce qu'elle ne désire qu'assouvir sa haine contre sa mère Clytemnestre et l'amant de celle-ci. Rien ne peut parler, dans cette bourgade de montagne écrasée sous la domination du pouvoir politico-religieux, à un jeune homme élevé par « des bourgeois d'Athènes » (p. 173).

■ Un nouvel Oreste

L'Oreste des tragédies antiques obéissait aux ordres d'Apollon, il était secondé par son ami Pylade qui l'exhortait à la vengeance et avait été élevé en vue de châtier les coupables. L'Oreste de Sartre, à l'inverse, doit faire face à Jupiter lui-même, dont il menace les intérêts et qui cherche à l'empêcher de réparer l'offense faite à Agamemnon. Oreste était la figure même de l'homme accomplissant son destin, Sartre en fait un homme qui se sent étranger aux actes que chacun des personnages qui l'entourent s'attend à le voir faire. Nous verrons que c'est précisément ce sentiment d'inauthenticité qui le met sur la voie de la révélation de sa condition d'homme libre.

S'il s'inscrit donc bien dans une tradition, Sartre vise cependant avant tout à provoquer une rupture, à faire voir dans le mythe d'Oreste ce que jusqu'alors on n'avait pas su y déceler, et à adresser de cette manière à ses contemporains un message à peine voilé sur leur existence actuelle. Ceux-ci ne semblent en majorité pas avoir su l'entendre.

Il subvertit de cette manière la conception classique que l'on se fait de la tragédie : son héros n'accomplit pas son destin, mais fait un choix qui engage toute son existence. C'est cet écart entre la notion de « destin » et celle « d'existence » qui traduit le mieux ce qui distingue la pièce de Sartre des modèles auxquels elle fait référence.

▪ Le remords ou la liberté prise à son propre piège

Sartre retient avant tout du mythe d'Oreste la question de la culpabilité. Mais c'est pour lui donner une dimension tout à fait nouvelle. La faute et le remords qui lui est lié ne sont plus des faits, comme c'était auparavant le cas. Oreste fascinait en raison de l'ambiguïté du châtiment qu'il doit infliger : en punissant une mère adultère et un père meurtrier, il devient lui-même coupable d'un parricide. En lui se mêlent par conséquent la volonté implacable d'accomplir la justice et la cruauté d'un destin tragique, qui suscitent effroi et compassion. Sartre porte sur Oreste un tout autre regard. Le caractère exceptionnel de son acte lui permet d'éclairer une évidence que nous ignorons si souvent : *nous sommes notre liberté.* La responsabilité qui nous incombe est alors telle que, contrairement à ce que fait Oreste à la suite de son crime, nous préférons nous mentir à nous-mêmes. C'est là la définition de la mauvaise foi : les habitants d'Argos ont choisi d'ignorer leurs actes passés en s'enfermant dans un rôle de repentis. Ils agissent comme si le pardon qu'ils cherchent à obtenir allait effacer par magie la faute dont ils se repentent. Mais en faisant le choix du remords, ils s'asservissent au pouvoir politico-religieux. Oreste va tenter de changer leur condition en leur donnant l'exemple de sa liberté.

2 - BIOGRAPHIE DE JEAN-PAUL SARTRE

▪ Chronique d'un petit génie annoncé

Sartre est né le 21 juin 1905. Son père, Jean-Baptiste Sartre, officier de marine, mourut, juste après sa naissance, en 1906, laissant seule son épouse, Anne-Marie Schweitzer, qui dut retourner vivre chez ses parents, Louise, née Guillemin, et « Karl » Schweitzer, oncle du célèbre pasteur Schweitzer. Ce grand-père occupa dans la vie du jeune Sartre une place importante, comme le montre le portrait qu'il fait de lui dans *Les Mots.* C'est en enfant prodige que Sartre va vivre ses premières années sous le regard de ce représentant de la bourgeoisie sentencieuse. Il témoigne dans son autobiographie de la virtuosité avec laquelle il sut très vite jouer le rôle que l'on inventa pour lui : « On m'adore, donc je suis adorable » (*Les Mots*, p. 26).

C'est autour de la littérature que s'est ainsi cristallisé le destin familial du petit « Poulou » :

> « J'ai commencé ma vie comme je la finirai sans doute : au milieu des livres »
>
> (*Les Mots*, p. 36).

Fasciné par la bibliothèque de son grand-père, professeur d'allemand à la retraite et grand admirateur de Flaubert, de Maupassant et des Goncourt, il commence par mimer l'acte de la lecture et, dès l'âge de 7 ans, se plonge aussi bien dans les classiques de la littérature que dans les récits d'aventures. Progressivement, il entreprend ses premières compositions et se voit annoncer un destin d'écrivain. Ses études sont peu régulières et l'entrée à l'école le contraint à sortir de son univers familial protégé. Paul Nizan est son camarade de classe au lycée Henri IV. Sa mère se remarie en 1917 et le jeune Sartre la rejoint à La Rochelle. C'est là qu'il perd la foi, et cela pour toujours (voir *Les Mots*, p. 209).

■ Professeur et auteur

De retour à Paris, au lycée Henri IV, Sartre y retrouve Nizan qui lui fait notamment découvrir Giraudoux, Gide et Proust. Il passe ses baccalauréats et prépare l'École normale supérieure qu'il intègre en 1924 et où il a comme condisciples Paul Nizan et Maurice Merleau-Ponty. Il échoue à l'agrégation de philosophie en 1928 et est reçu premier en 1929 (le sujet d'écrit était : « Liberté et contingence »). Cette même année, il rencontre Simone de Beauvoir avec qui il forme un couple célèbre dont les règles étaient la sincérité, l'émulation intellectuelle et la distinction entre « amour nécessaire » et « amours contingentes ».

Sartre s'intéresse à cette époque aux questions politiques et sociales mais accorde plus d'importance à l'écriture et est plus anarchiste que révolutionnaire. Il écrit en 1930, pendant son service militaire, deux pièces : *Épiméthée* et *J'aurai un bel enterrement*. De 1931 à 1936, il est nommé professeur au lycée du Havre, et fait un séjour à l'Institut français de Berlin où il lit Husserl et découvre Heidegger (septembre 1933-été 34). Il publie *L'Imagination* en 1936 et *La Nausée* en 1938, qui obtient un très grand succès, tout comme les nouvelles qui accompagnent *Le Mur*. Sartre, professeur au lycée Pasteur à Neuilly, commence ses premiers articles de critique littéraire et rencontre Olga Kozakiewicz qui jouera Électre dans *Les Mouches*.

■ La Seconde Guerre mondiale : Sartre, « un écrivain qui résistait et non pas un résistant qui écrivait »

Le 2 septembre 1939, Sartre est mobilisé et envoyé comme météorologue en Alsace. Il est fait prisonnier en juin 1940 et est transféré en août au Stalag X II D, à Trèves. Il semble, comme en témoignent *Les Cahiers de la drôle de guerre*, apprécier la vie collective : il se lie d'amitié avec le groupe des prêtres et organise pour le 24 décembre 1940 un mystère de Noël qu'il écrit et met en scène, et dans lequel il joue le rôle d'un roi mage : *Bariona ou le fils du tonnerre*. Libéré en avril 1941, il occupe à nouveau un poste de professeur à Paris et fonde un groupe de résistance intellectuelle : « Socialisme et liberté » avec Simone de Beauvoir, Maurice Merleau-Ponty, Jean et Dominique Desanti…

Sartre témoigne d'un grand enthousiasme politique : il réfléchit à une constitution pour la France de l'après-guerre, part en vélo à travers la France à la rencontre de Gide et de Malraux afin de leur demander de participer à ses projets de résistance et cherche à entrer en contact avec des réseaux de lutte armée. Cependant, il se heurte, malgré ses efforts, à la méfiance des communistes et ne parvient pas à organiser un véritable mouvement de résistance. Le groupe se dissout, Sartre s'isole, et se lance dans une très intense activité d'écriture littéraire et philosophique : les romans des *Chemins de la liberté*, la somme philosophique qu'est *L'Être et le Néant* et des pièces de théâtre comme *Les Mouches*, jouée en 1943 et *Huis clos*, jouée à partir de mai 1944. Dès 1943, il devient membre du Comité national des écrivains, puis il collabore aux *Lettres françaises*.

▪ La vogue de « l'existentialisme »

En septembre 1944, Sartre avait posé avec d'autres les fondements de la revue *Les Temps modernes*. Son activité de critique et de journaliste contribuera à faire de lui un auteur extrêmement célèbre à la Libération. Le terme d'existentialisme s'impose à lui et Sartre continue la publication des *Chemins de la liberté*, fait jouer en 1946 *La Putain respectueuse*, et en 1948 *Les Mains sales*. Il participe activement à la réflexion littéraire et idéologique de l'époque : dans *Qu'est-ce que la littérature ?* il montre que « l'écrivain est en situation dans son époque », il participe au Rassemblement démocratique révolutionnaire qui se présente comme une alternative aux deux blocs, écrit les *Situations*... L'œuvre de Sartre est mise à l'index par le Saint-Office (1948) et attaquée par les communistes.

En janvier 1950, il condamne avec Merleau-Ponty dans un éditorial des *Temps modernes* l'existence des camps soviétiques, mais il se rapproche du parti communiste en 1952 et se brouille avec Camus lorsque celui-ci condamne dans *L'Homme révolté* tout messianisme politique. Sartre soutient les communistes au Conseil mondial de la paix en décembre 1952 et ne rompt avec le P.C.F. qu'après l'intervention soviétique en Hongrie en 1956. Son activité théâtrale est féconde : *Le Diable et le Bon Dieu*, *Kean*, *Nekrassov*, ainsi que sa réflexion critique : *Saint Genet* en 1952.

■ L'homme de toutes les situations

Sartre s'est engagé dans de très nombreux combats, comme le soutien au F.L.N. algérien, la dénonciation de la torture en Algérie en 1958, la critique de l'intervention des États-Unis en Indochine, la participation aux événements de 1968. Il s'engage aux côtés des maoïstes en dirigeant *La Cause du peuple*, puis dirige *Libération*. À cela s'ajoutent les voyages de Sartre dans de très nombreux pays du monde.

À cette activité de militant infatigable, Sartre joint une intense activité philosophique, notamment avec *La Critique de la raison dialectique* en 1960, littéraire, avec *Les Mots* en 1963 et de réflexion générale, avec la poursuite des *Situations*. Son ouvrage sur Flaubert, *L'Idiot de famille*, constitue une somme en critique littéraire, dans laquelle Sartre affine sa théorie personnelle en se démarquant des systèmes de pensée traditionnels : sociologie, marxisme, ou psychanalyse. En octobre 1964, il refuse le prix Nobel.

La cécité le contraint à cesser son activité d'écrivain, mais il multiplie encore les prises de position contre la répression à l'Est, en faveur du dialogue israélo-palestinien, pour soutenir les réfugiés d'Indochine… Il meurt le 15 avril 1980.

3 - *LES MOUCHES* DANS L'ŒUVRE DE SARTRE

Les Mouches ont une place particulière dans l'œuvre de Sartre. En effet, il ne s'agit pas réellement de sa première œuvre théâtrale puisqu'il a composé, mis en scène et représenté *Bariona* lors de sa captivité en 1940. Cependant, elles représentent la première pièce de son répertoire publié ; *Bariona* n'étant édité, en réalité, qu'à titre de document pour les spécialistes de cet auteur. De plus, la tragédie antique encadre la production théâtrale de Sartre, qu'elle ouvre avec *Les Mouches* en 1943, et ferme, avec *Les Troyennes*, en 1964. Cette dernière constitue une adaptation de la pièce d'Euripide et n'est pas une véritable création de Sartre, mais il est intéressant de noter qu'il revint, à la suite d'une assez importante activité de dramaturge, à une forme d'adaptation (par traduction et non plus par création) de ce théâtre qui nous est à la fois si lointain historiquement et si proche culturellement.

On peut décrire *Les Mouches* comme une transition essentielle dans la carrière de Sartre. Il faut, pour prendre la mesure du tournant qui s'opère dans son œuvre, décrire une première période (jusqu'à la Seconde Guerre mondiale), consacrée plus spécialement aux romans et à la critique. Nous évoquerons ensuite sommairement la suite de sa carrière d'auteur afin de montrer qu'il n'a eu de cesse d'interroger les rapports entre l'action et la liberté, tels qu'ils étaient déjà esquissés dans cette pièce.

■ Phénoménologie de la conscience humaine

Les textes littéraires les plus importants de l'œuvre de Sartre jusqu'au début de la guerre sont comme une exploration de situations où se dévoile le fond de l'âme humaine. Il est nécessaire, pour saisir l'originalité de ces textes, d'évoquer l'influence très grande qu'eut la phénoménologie d'Husserl sur sa pensée. Cet aperçu philosophique peut permettre de comprendre pourquoi Sartre a délaissé les moiteurs de la « vie intérieure » et de la psychologie romanesque traditionnelle (dont le modèle serait Proust), et leur a préféré les rapports de la conscience au monde.

L'article « Une idée fondamentale de la phénoménologie de Husserl », publié en 1939, est de ce point de vue essentiel ; Sartre y explique à sa manière la citation très connue de Husserl : « Toute conscience est conscience de quelque chose. » Il montre que la conscience n'a pas un dedans, un espace qui contiendrait un stock de perceptions que l'on pourrait dénombrer et analyser isolément, mais qu'elle n'existe qu'en tant qu'elle se projette vers les objets qui l'entourent. La conscience est dans le monde, au milieu des choses, elle ne peut exister que comme conscience d'autre chose qu'elle-même. Ainsi, la conscience que nous prenons des choses ne se limite pas à la simple connaissance intellectuelle que nous en avons :

> « Haïr autrui, c'est une manière encore de s'éclater vers lui, c'est se trouver soudain en face d'un étranger dont on vit, dont on souffre d'abord la qualité objective de "haïssable". [...] Ce sont les choses qui se dévoilent soudain à nous comme haïssables, sympathiques, horribles, aimables »
>
> (*Situations I*, p. 41-42).

Ceci a pour conséquence essentielle la contingence qui caractérise l'existence de toute conscience. C'est ce qui nous est montré à travers la description que Roquentin donne de la « nausée » dans les fragments de son journal :

> « Je comprenais la Nausée, je la possédais. Exister c'est *être là*, simplement... Il y a des gens, je crois, qui ont compris ça. Seulement ils ont essayé de surmonter cette contingence en inventant un être nécessaire et cause de soi. »

En effet, nous ne sommes pas nécessaires, l'existence ne s'explique pas, elle s'éprouve et l'homme est un néant, une forme vide qui doit se projeter, qui doit choisir un projet irréductible à l'ensemble des forces qui le conditionnent. Exister, c'est être en trop, c'est se sentir amorphe, vague face aux choses qui, elles, sont tout entières ce qu'elles sont, se définissent selon un ensemble précis de qualités. Nous retrouvons dans *Les Mouches* les deux caractéristiques de la conscience que nous venons d'exposer : son éclatement vers le monde et sa contingence.

■ Les chemins de la liberté

La guerre provoque un bouleversement essentiel dans la carrière de Sartre. Ce sont les notions de liberté, et d'authenticité (inauthenticité) qui sont alors au centre de sa réflexion.

Sartre décrit ainsi l'expérience de la guerre dans son « Autoportrait à soixante-dix ans » :

> « La guerre a vraiment divisé ma vie en deux. [...] C'est là que j'ai connu l'aliénation profonde qui était la captivité, c'est là que j'ai connu aussi le rapport aux gens, l'ennemi, l'ennemi réel. [...] Et puis j'ai connu là aussi, opprimé, abattu, mais existant encore, l'ordre social, la société démocratique [...]. C'est là, si vous voulez, que je suis passé de l'individualisme et de l'individu pur d'avant la guerre au social, au socialisme. [...] Avant ça m'avait mené à des œuvres comme *La Nausée*, où le rapport à la société était métaphysique, et après, ça m'a mené lentement à *La Critique de la raison dialectique* »
>
> (*Situations X*, p. 179-180).

C'est *L'Être et le Néant* qui représente cette formidable évolution de Sartre. Chacun de nous doit, c'est le sens de notre liberté, continuellement justifier cette place sans fondement qu'il occupe dans le monde. La conscience est un néant d'être, c'est-à-dire qu'elle ne se réduit jamais aux circonstances qui l'entourent, mais n'existe que dans le mouvement par lequel elle se dépasse elle-même et va au-delà de toute situation. Rien ne peut déterminer la conscience qui n'est que projet libre : l'amour que je porte à telle personne ne témoigne pas d'une qualité intrinsèque à cette personne, mais du choix par lequel j'ai fait de cette personne un être qui m'est adorable.

C'est à partir de ce constat qu'il convient alors d'analyser tous les comportements humains, car nous sommes « condamnés » à être libres, et cette liberté dont nous sommes responsables fait peur. Nous cherchons continuellement à nous masquer cela par des conduites de mauvaise foi, grâce auxquelles nous prétendons fonder notre liberté sur autre chose qu'elle-même. Nous nous servons des circonstances qui accompagnent notre vie, toutes ces données qui s'imposent à nous, comme autant d'excuses afin d'échapper au caractère injustifiable de notre existence.

Deux pans littéraires vont mettre en situation ces réflexions sur la liberté :

– d'une part le théâtre, avec *Bariona*, que Sartre fit jouer devant les prisonniers français pour leur redonner espoir. La pièce raconte la résistance d'un chef de village, Bariona, à l'occupant romain. Sartre y fait entendre des échos que nous retrouvons dans *Les Mouches*. Ainsi, le mage Baltazar, joué par Sartre, déclare : « Tu n'es pas ta souffrance. Quoi que tu fasses et de quelque façon que tu l'envisages, tu la dépasses infiniment car elle est tout juste ce que tu veux qu'elle soit. » Puis viennent *Les Mouches* et *Huis clos* où Sartre met en scène, dans la première, l'idée que l'homme se confond avec l'acte qu'il accomplit librement, et dans la seconde la manière dont l'homme assume la responsabilité des actes qu'il a accomplis librement ;

– d'autre part, le roman, avec la somme inachevée des *Chemins de la liberté*, où Sartre décrit la relation de l'individu à l'ensemble de la société, à l'Histoire, aux valeurs. La liberté, qui est le but que visent les héros de ce cycle, se cherche à travers les linéaments des événements historiques et ne s'atteint jamais. Elle est un horizon fuyant, une exigence permanente pour laquelle il est toujours nécessaire de se battre. Deux personnages se distinguent : Mathieu Delarue et Brunet. Le premier est un intellectuel rongé par son inaction et sa « liberté pour rien ». Bien qu'ayant pris conscience, dans le troisième volume du cycle, de l'importance de l'action collective, il se sacrifie dans un acte d'héroïsme inutile. Le second, militant communiste convaincu, donne un but à son action et vise un acte rassemblant les hommes dans un projet commun.

■ Pour une morale de l'action

Il est impossible de décrire ici l'évolution de l'œuvre de Sartre pendant la vogue de l'existentialisme, puis dans ses dernières années. Mais il est important de comprendre que Sartre rompt, après la guerre, avec un certain individualisme qu'il décrit ainsi dans son « Autoportrait à soixante-dix ans » :

> « Au sortir de l'École normale, j'avais bâti toute une théorie là-dessus : j'étais l'"homme seul", c'est-à-dire l'individu qui s'oppose à la société par l'indépendance de sa pensée mais qui ne doit rien à la société et sur qui celle-ci ne peut rien, parce qu'il est libre »
>
> (*Situation X*, p. 176).

Sartre prend conscience de l'importance de la dimension politique de l'existence et s'efforce de promouvoir alors une théorie de l'engagement.

Ainsi, la *Critique de la raison dialectique* vise à corriger ce que la conception qu'il se faisait auparavant de la liberté pouvait avoir d'idéaliste. Sartre tient compte des déterminations qui interviennent à l'intérieur des multiples activités de groupe qui règlent la vie sociale.

Il s'efforce de saisir la complexité des conditions concrètes dans lesquelles s'exerce la liberté et tente d'élaborer une morale qui ne prétende pas à l'universalité, qui ne s'impose pas à l'individu mais qui permette, au contraire, de créer des espaces de liberté. Ses analyses extrêmement poussées sur Genet ou Flaubert sont une mise en œuvre de la « psychanalyse existentielle » qui lui donne une vue plus affinée des conditions dans lesquelles un individu particulier trace ce qui sera « son chemin ».

4 - VARIATIONS SUR UN MYTHE CONNU

■ La fatalité du sang pour le sang

La figure d'Oreste est tout à fait représentative de la constitution progressive d'un mythe. Il n'est au départ question que de l'acte criminel d'Égisthe qui a tué Agamemnon, a usurpé son pouvoir et a pris son épouse. Celle-ci n'est pas responsable et ne subit aucun châtiment. Progressivement, des éléments se sont ajoutés à la légende : Clytemnestre est peinte comme une femme jalouse et cruelle, on fait de la race d'Agamemnon une race maudite (nombreux sont les ancêtres ayant commis un crime : Atrée, Thyeste, Pélops, Tantale). Enfin, à cela s'ajoutent la faute d'Agamemnon, celle de Clytemnestre et le matricide.

Ainsi, si Oreste est loué pour son acte de vengeance dans l'*Odyssée*, il n'en est progressivement plus vraiment de même dans les pièces qui traitent de cette légende. Eschyle compose une *Orestie*, une trilogie suivie d'un drame satirique, dont il ne nous reste rien. La première pièce de cette trilogie, *Agamemnon*, conte le meurtre d'Agamemnon ; la seconde, *Les Choéphores*, met en scène la vengeance d'Oreste, et la dernière, *Les Euménides*, montre l'aéropage jugeant Oreste, poursuivi par les Érinnyes. L'*Électre* de Sophocle met au centre de la pièce la figure sororale, intransigeante dans son désir de vengeance. Enfin, l'*Oreste* d'Euripide débute une fois le crime commis et a pour sujet les efforts d'Oreste pour échapper aux conséquences de son crime.

C'est donc la question de la vengeance d'Oreste et du remords lié à son acte qui se trouve au centre de ces tragédies. La loi du talion impose que le sang versé soit vengé ; c'est pourquoi Oreste doit affronter à son tour les Érinnyes. Mais comment mettre fin alors à la série de vengeances commandées par la loi ? Chaque dramaturge répond de manière particulière à cette question, mais on peut remarquer que si Eschyle ou Euripide s'intéressent aux conséquences religieuses, morales ou psychologiques du crime d'Oreste, ils ne l'envisagent pas autrement que comme un acte qui lui a été commandé par Apollon. La question est bien de savoir comment se laver de la faute qui a été commise et rendre justice aux mânes de la mère assassinée, et non de savoir si Oreste devait ou non accomplir le meurtre.

D'une certaine manière, Sartre se situe donc bien à la suite de ces tragédies en insistant à son tour sur la question du remords et en donnant au geste d'Oreste une dimension toujours plus psychologique et plus morale. Malgré la liberté qu'il prend avec les pièces dont il s'inspire, Sartre fait preuve d'une connaissance très fine de ces modèles antiques en répondant à sa manière aux thèmes qui y sont les plus fondamentaux : l'insistance, par exemple, sur la responsabilité de l'homme travaillant à sa propre perte, dans l'*Odyssée*, ou dans l'*Électre* de Sophocle, comme le montrent les paroles du chœur à l'héroïne :

> « Eh ! ne comprends-tu pas comment/tu ne dois qu'à toi-même les misères/où, sans respect de toi, tu t'es jetée ? »
>
> (*Électre*, Prologue, 214-216).

Il en va de même en ce qui concerne les conflits entre les personnages sur l'attitude à observer vis-à-vis du pouvoir. Chrysothémis déclare ainsi, dans la même pièce, à sa sœur Électre :

> « Oh, je sais bien qu'au regard de l'honneur, c'est toi qui es sans reproche, mais quoi ! si je veux sauvegarder ma liberté, force m'est de ne pas contrarier nos seigneurs et maîtres »
>
> (339-342).

Enfin, la manière dont Oreste assumera son acte se trouve placée au centre de ces pièces. Mais c'est là bien sûr que Sartre va se distinguer le plus nettement de ses prédécesseurs.

▪ La redécouverte moderne de la figure d'Oreste

Il existe, pendant l'entre-deux-guerres, une véritable mode de l'antique, illustrée aussi bien par Cocteau (*Orphée* en 1927, *La Machine infernale* en 1934), Gide (*Œdipe* en 1931), Anouilh (*Eurydice* en 1942) que Giraudoux (*Amphitryon 38* en 1929, *La Guerre de Troie n'aura pas lieu* en 1935, et *Électre* en 1937).

Plus précisément, la période de l'Occupation a vu fleurir les mises en scène des classiques antiques ou de dramaturges allemands comme Gœthe ou Hauptmann, idéologue officiel du régime nazi dont les pièces étaient teintées d'un nietzschéisme conforme aux vues des nazis. Enfin l'*Électre* de Giraudoux fut rejouée en avril 1943, juste avant *Les Mouches* de Sartre.

C'est, en effet, l'*Électre* de Giraudoux (1937) qui semble le modèle dont l'influence est la plus évidente. L'importance de Giraudoux pour Sartre s'était déjà manifestée dès *La Nausée*, où l'on peut observer certains parallèles. Elle se marque une fois de plus dans *Les Mouches*. Au début d'*Électre*, le jardinier s'adresse ainsi aux petites filles, les Euménides, nom propitiatoire pour désigner les Érinnyes : « Voulez-vous partir! Allez-vous nous laisser! On dirait des mouches. » Comme dans *Les Mouches* (scène I, acte III), celles-ci entonnent un chant dans lequel la peur, la haine et la violence sont mises à nu. Dans les deux pièces, la taille de ces symboles du remords ne cesse de grandir afin d'accompagner l'accomplissement de l'acte et la souffrance causée par son souvenir. Enfin, l'usage d'une langue parlée très libre, appliquée à des thèmes et des actions tirés de la mythologie, le recours aux anachronismes, et surtout, le goût pour les dialogues de nature philosophique, tous ces éléments montrent une certaine filiation entre Giraudoux et Sartre.

5 - LA GUERRE ET LA QUESTION DE LA RÉSISTANCE

Il peut paraître étrange d'accorder de l'importance au contexte de réception de la pièce et à la manière dont l'ont comprise ses premiers spectateurs. Cependant, ce point est tout à fait fondamental.

Un texte littéraire n'a pas un sens clos, unilatéral et qui serait l'expression directe des intentions de l'auteur; il est une coopération entre deux instances séparées (par le temps, l'espace, les contextes culturels...) : l'auteur et ses lecteurs. Le premier compose un texte qui ne prendra sens qu'à travers la lecture que feront les différents publics de ce texte : public contemporain, ou public des générations suivantes, public populaire ou public universitaire… Tous n'ont pas les mêmes compétences, et la somme des multiples lectures qui vont s'accumuler au fil du temps va contribuer à constituer le sens global de l'œuvre.

Le cas des *Mouches* est particulier : cette pièce est écrite et jouée pendant l'Occupation et Sartre a déclaré à la Libération avoir composé une œuvre de contrebande, c'est-à-dire un texte qui devait être entendu comme un appel à la liberté et à la résistance par le plus grand nombre possible de Français, tout en devant paraître assez inoffensif aux autorités occupantes afin qu'il puisse obtenir l'autorisation d'être joué. Comme nous le voyons, ces deux impératifs sont si contradictoires qu'il devient extrêmement difficile de juger des intentions réelles de l'auteur : d'une part, Sartre peut penser que le contexte de l'Occupation poussera tous ceux qui guettent un appel à la liberté à établir un parallèle entre la ville d'Argos et la France de l'époque. Mais d'autre part, en faisant jouer sa pièce alors que les théâtres sont étroitement contrôlés, Sartre risque de donner de lui-même l'image d'un écrivain qui profite de ses bonnes relations pour asseoir sa notoriété – et cela sans qu'il lui soit possible de prouver sa bonne foi puisque aucun indice trop lisible ne doit être repéré par les Allemands ou les Français collaborateurs.

C'est pourquoi nous allons tout d'abord évoquer les conditions de composition et de représentation des *Mouches*, afin ensuite de montrer toute l'importance du contexte de la réception pour l'interprétation générale de la pièce.

■ Le théâtre sous l'Occupation

Avec la défaite et l'armistice franco-allemand le 22 juin 1940, la France entre dans une période sombre de son histoire : quatre années d'occupation (Paris est libéré fin août 1944), un territoire divisé en une zone occupée au nord et une zone « libre », dont le centre est Vichy, au sud, et enfin, un peuple plus divisé encore entre l'adhésion à la « révolution nationale » du maréchal Pétain, l'attentisme, l'entrée progressive ou, au contraire, volontaire dans la voie de la collaboration, ou le choix de la résistance.

Dans cette atmosphère où dominent le sentiment de défaite et l'appel au remords, la propagande de Vichy s'orchestre contre l'incurie politique de la IVe République et la tendance coupable au laisser-aller, à la paresse et à la jouissance sous le gouvernement du Front populaire en 1936 : il faut prendre acte de la défaite afin de redonner à la France le respect de l'ordre et des valeurs. Sartre dira à la Libération avoir visé avant tout le « mea-culpisme » qui sous-tendait le discours des dirigeants de Vichy et qui était encouragé par les occupants, désireux de se faire passer pour les défenseurs d'un ordre moral et idéologique nouveau. En effet, on peut sans difficulté remarquer le parallèle évident entre le thème des fautes pour lesquelles la France devrait payer, très présent dans les discours de Pétain, et le culte du remords organisé par Égisthe et le Grand Prêtre dans Argos, aussi écrasée sous le poids du repentir que la France au lendemain de la défaite.

Dans ces conditions, la vie culturelle ne pouvait, elle aussi, qu'être étouffée par le poids de l'Occupation : le théâtre, comme les autres domaines de la culture, était soumis à une censure pointilleuse, organisée en plusieurs services, dont le principal était celui de la *Propagandastaffel.* Chaque théâtre devait, non seulement déclarer l'aryanité du directeur et de l'ensemble du personnel, mais aussi obtenir un visa pour chaque pièce au programme. On cherchait ainsi à empêcher tout encouragement à la résistance et à promouvoir un art conforme à l'idéologie nazie. Un représentant de la *Propagandastaffel* assistait à la représentation afin d'observer les réactions du public.

■ « Faire naître les sentiments interdits avec les paroles autorisées »

C'est ainsi qu'Aragon a défini la littérature de la Résistance, contrainte à la « contrebande ». Or il est difficile de savoir exactement dans ces circonstances si la pièce de Sartre peut sans ambiguïté être placée dans cette catégorie.

On a reproché à Sartre l'obtention d'un visa pour faire jouer sa pièce dans le théâtre Sarah-Bernhardt qui venait d'être débaptisé pour être nommé « théâtre de la Cité » (actuel théâtre de la Ville), et qui était subventionné en partie par Vichy. La censure allemande, de plus, ne semble pas avoir jugé que *Les Mouches* représentait un danger.

Cependant, il faut remarquer que Sartre faisait partie à l'époque du C.N.E (Comité national des écrivains) et du Front national du théâtre, deux organismes essentiels de la résistance intellectuelle. Il soumit, enfin, sa pièce au jugement du C.N.E. avant de la faire jouer.

Il convient alors de juger en fonction d'un critère fondamental, celui de la réception de la pièce : le public parisien, puis les lecteurs de la pièce comprirent-ils les allusions que Sartre affirma à la Libération avoir voulu leur adresser? Les comptes rendus publiés dans la presse semblent montrer que le public n'a pas perçu les appels au refus du défaitisme ambiant. La critique est en majorité mauvaise, mais elle attaque la pièce sur de multiples autres points : thème éculé, pièce obscure et incompréhensible, décors violents, atmosphère décadente… Alain Laubreaux, le critique collaborationniste influent de l'époque, lance une attaque contre la pièce et polémique avec Dullin, le metteur en scène des *Mouches*. C'est l'influence de courants artistiques épinglés comme « judéo-bolcheviques » qu'il vise, et non un appel à la résistance. Il faut attendre les critiques publiées par des organes de la Résistance, Merleau-Ponty dans *Confluence*, et surtout Leiris dans *Les Lettres françaises*, pour lire une analyse approfondie et plus respectueuse du texte de Sartre (voir le chapitre *Annexes*, p. 120).

Il semble donc qu'en dehors des articles de quelques personnalités éclairées et capables de comprendre la pensée de Sartre, la pièce ait été trop compliquée et que le public en soit resté à une lecture superficielle de l'intrigue mythologique. La publication de la pièce eut cependant un certain succès et montre que le message, avec le recul de la lecture, pouvait passer.

2

ÉTUDE DU TEXTE

1 - RÉSUMÉ DE LA PIÈCE

Acte I, scène I (p. 105 à 120) : Oreste, accompagné du Pédagogue, arrive sur une place d'Argos. À la recherche du palais d'Égisthe, ils demandent leur chemin à des femmes qui s'enfuient à leur approche. Un homme, dont le Pédagogue note la ressemblance avec Jupiter Ahenobarbus, et qui les suit depuis longtemps, les aborde. Il se présente sous le nom de Démétrios et leur conte l'histoire d'Argos. Les dieux ont envoyé sur cette ville des mouches, symboles de la culpabilité qui pèse sur ce peuple qui s'est fait le complice du meurtre d'Agamemnon, tué par Clytemnestre, sa femme, et Égisthe, l'amant de celle-ci. Égisthe règne sur Argos depuis quinze ans et toute la ville vit plongée dans la contrition et le remords. Électre, la fille d'Agamemnon et de Clytemnestre habite encore dans le palais, mais on ne sait quel a été le sort d'Oreste, son frère : a-t-il été assassiné par Égisthe ou a-t-il été recueilli par des bourgeois d'Athènes ? Oreste dit se nommer Philèbe et venir de Corinthe. Démétrios-Jupiter livre alors à

Philèbe les conseils qu'il adresserait à Oreste s'il se présentait devant Argos : il lui faut partir sous peine de détourner les habitants de la voie du rachat et de provoquer ainsi leur malheur. Philèbe-Oreste admet que tout cela ne le regarde pas.

Scène II (p. 120 à 126) : restés seuls, Oreste et le Pédagogue s'entretiennent de la jeunesse d'Oreste, qui, malgré l'éducation qu'il a reçue, se plaint de n'avoir aucun souvenir. Oreste pense n'être qu'une liberté vide, il affirme envier les autres hommes qui naissent « engagés », et qui savent qu'ils vont « *quelque part* ». Il imagine alors l'enfance qu'il aurait menée dans ce palais, qui ne lui évoque cependant rien : ce n'est pas *son* palais. Oreste décide de partir, mais regrette de ne pouvoir être accueilli afin de combler ainsi le vide de son cœur.

Scènes III et IV (pp. 126-128 ; pp. 129-135) : au moment de partir, il surprend une femme qui vient couvrir la statue de Jupiter d'ordures et d'injures. Elle menace le dieu en affirmant qu'un homme viendra et renversera la statue. Oreste s'approche, se présente sous sa fausse identité et apprend qu'il s'agit d'Électre. Il l'interroge sur son existence qu'elle décrit comme celle d'une esclave au service d'un usurpateur et d'une mère qu'elle hait. Électre l'interroge à son tour sur Corinthe et s'émerveille à l'évocation d'une vie si douce, libérée des remords.

Scènes V et VI (pp. 136-144 ; pp. 145-146) : arrive Clytemnestre qui rappelle à Électre qu'elle doit passer sa robe noire pour la cérémonie qui va avoir lieu. Devant la résistance de celle-ci, Clytemnestre déclare se reconnaître dans le visage de sa fille, ce que confirme Oreste. Clytemnestre se présente à Philèbe-Oreste mais elle est interrompue par Électre qui ironise et l'accuse de prendre plaisir à se confesser publiquement, comme le font tous les habitants d'Argos. La reine déclare ne pas regretter le meurtre de son mari et demande à Philèbe-Oreste de partir, mais Électre le presse de rester afin d'assister à la fête des morts.

Après leur départ, Démétrios-Jupiter vient proposer au jeune homme ses services pour l'aider à quitter la ville, mais voyant que celui-ci a changé d'avis, il l'invite à loger avec lui dans une auberge.

Acte II, premier tableau, scènes I, II, III (pp. 150-154 ; pp. 155-160 ; pp. 161-168) : sur une plate-forme dans la montagne, devant une caverne fermée par une grande pierre, les Argiens attendent avec angoisse le début de la cérémonie. C'est Électre que l'on attend, mais les gardes ne la trouvent pas. On ôte donc la pierre et le Grand Prêtre invoque les morts en dansant au son d'un tam-tam. Égisthe éveille la terreur de la foule et rappelle à chacun ses crimes. Toute la foule crie pitié. Électre apparaît alors, vêtue de blanc au lieu d'être en deuil, suscitant la frayeur et l'indignation des Argiens. Elle déclare devant tous que son bonheur réjouit au contraire son père, et elle exhorte les Argiens à la joie. Elle danse et demande à ses morts de ne faire aucun signe s'ils approuvent sa conduite. Des gens dans la foule se retournent contre Égisthe, mais Jupiter fait rouler la pierre. Les Argiens accusent donc Électre de les avoir trompés, et Égisthe la condamne à l'exil. Électre reste seule avec Oreste.

Scène IV (pp. 168-184) : Électre dit à Philèbe-Oreste qu'il l'a trompée en lui faisant oublier sa haine. Elle refuse de fuir d'Argos avec lui et ne souhaite plus que pouvoir se venger. Elle déclare attendre son frère. S'il refusait son destin, elle ne pourrait que le mépriser. Philèbe dévoile alors sa véritable identité. Électre refuse de partir avec lui et se moque de sa « belle âme ». Oreste, renvoyé à sa solitude, étranger aux autres et à lui-même, invoque alors Zeus en lui demandant de lui montrer le Bien. Une lumière qui fuse d'une pierre signifie alors à Oreste de partir d'Argos. Mais un changement se produit en Oreste qui déclare qu'il y a « un autre chemin », son chemin. Il doit à présent quitter la légèreté de sa jeunesse, prendre de force cette ville qui le refuse, et voler les remords des Argiens. Il ne s'agit cependant pas pour lui d'expier et Électre appelle pour la première fois son frère par son véritable nom. À présent, ce qu'elle attendait et qu'elle redoutait tant va s'accomplir.

Deuxième tableau, scènes I, II, III, IV (p. 185 ; pp. 186-189 ; pp. 190-192 ; p. 192) : Oreste et Électre se sont introduits dans le palais. Ils se cachent derrière le trône lorsque deux soldats entrent. Ils se plaignent des mouches et imaginent qu'Agamemnon les observe, assis sur son trône. Égisthe et Clytemnestre entrent. Le roi déclare être las de toute cette comédie et ne plus pouvoir porter ainsi à bout de bras les remords de tout un peuple. Lui-même craint la présence de celui qu'il a assassiné, alors qu'il n'a inventé la fable de la cérémonie des morts que pour effrayer le peuple. Il renvoie Clytemnestre et se lamente du vide qu'il sent en lui.

Scènes V, VI, VII, VIII (pp. 193-203 ; pp. 204-206 ; pp. 207-208 ; pp. 208-212) : Égisthe ne reconnaît pas immédiatement Jupiter, qui entre dans la salle du trône et qui vient l'avertir du danger qui le menace. Mais Égisthe refuse de faire arrêter Électre et Oreste. Il ne veut plus accomplir les desseins de Jupiter et se montre jaloux de l'attention que celui-ci porte à Oreste, alors que lui-même paye sa faute depuis si longtemps. Jupiter lui montre comment son crime irréfléchi lui a servi à plonger toute une ville dans le repentir. Le crime d'Oreste ne lui sera d'aucune utilité car celui-ci ne le regrettera pas. Jupiter invoque l'ordre ; Égisthe seul peut arrêter Oreste, car les dieux ne peuvent frapper un homme lorsqu'il a pris conscience de sa liberté. Cependant, lorsqu'Oreste l'attaque, Égisthe se laisse assassiner. Électre hésite alors et Oreste va seul dans la chambre de Clytemnestre. Électre doit s'exhorter à vouloir pleinement ces crimes dont elle a rêvé. À son retour, Oreste déclare qu'il est libre et qu'il vient de naître et de faire naître sa sœur. Celle-ci dit ne pas se sentir libre après cet acte. Elle s'effraie de voir les mouches fondre sur eux. Ils se refugient dans le temple d'Apollon.

Acte III, scène I (pp. 215-225) : Oreste et Électre dorment au pied de la statue d'Apollon, veillés par les Érinnyes qui se réjouissent à l'idée de faire souffrir ces deux jeunes gens. Électre s'éveille d'un cauchemar : sa mère était tombée et saignait abondamment. Elle repousse Oreste, qui reconnaît le visage de Clytemnestre dans celui de sa sœur. Les Érinnyes évoquent alors la mort de Clytemnestre et poussent Électre à accuser son frère d'avoir été le bourreau de sa propre mère. Oreste l'assure souffrir lui aussi au souvenir de cette mort. Mais il ne regrette pas cet acte, car il est libre, « par-delà l'angoisse et les souvenirs ». Mais Électre déclare qu'elle le hait et veut le fuir. Elle tombe dans les griffes des Érinnyes.

Scène II (pp. 225-239) : Jupiter entre et éloigne les Érinnyes. Il fait preuve d'ironie et tente de faire fléchir Oreste. Mais, ni sa déchéance, ni celle de sa sœur ne lui font regretter son acte : Électre est seule à pouvoir alléger ses souffrances, car elle est libre. Jupiter leur demande de se repentir. Il dit à Électre qu'elle n'a pas voulu le mal, mais a rêvé ce crime et a agi en petite fille. Oreste tente d'empêcher sa sœur de renier son acte et il refuse de prendre le pouvoir d'Égisthe que lui propose Jupiter. Celui-ci, afin de briser l'orgueil d'Oreste, fait apparaître les constellations célestes qui témoignent de l'harmonie de la nature. Tout homme doit se soumettre à la volonté de son créateur. Mais Oreste déclare que la nature tout entière peut l'écraser, il n'en est pas moins libre. Il est sa propre liberté, quelle que soit sa situation. Il ne peut suivre que son propre chemin. Il décide donc de révéler aux Argiens leur liberté. Jupiter se retire alors. Mais son règne n'a pas encore pris fin et il appelle Électre à être de son côté.

Scènes III, IV, V, VI (pp. 239-241 ; pp. 242-243 ; pp. 243-244 ; pp. 245-246) : celle-ci s'apprête à le suivre. Oreste lui propose de l'accompagner dans son errance. Mais Électre choisit la voie du repentir et se fait l'esclave de Jupiter. Oreste reste seul avec les Érinnyes. Le Pédagogue apparaît alors : il annonce à son maître que les Argiens assiègent le temple pour le mettre à mort. Oreste lui ordonne d'ouvrir la porte du temple car il veut parler à son peuple. La foule fait cependant silence lorsqu'il se présente comme Oreste, fils d'Agamemnon et qu'il désigne ce jour comme celui de son couronnement. Il leur fait peur car il n'est pas des leurs. Contrairement à Égisthe, il ne regrette pas son crime, mais le revendique devant tous. Oreste choisit de s'exiler et conte aux Argiens l'histoire de Scyros, infestée par les rats. Un jour, un joueur de flûte vint dans la ville : tous les rats se mirent à le suivre et il disparut avec eux, comme ceci : Oreste s'enfuit alors, poursuivi par les Érinnyes.

2 - ÉTUDE DE LA COMPOSITION DES *MOUCHES*

La spécificité des *Mouches* tient à son caractère extrêmement tendu et précis. Si Sartre s'oppose à la vision fataliste de l'existence et s'il subvertit l'image de la tragédie, conçue comme une machine implacable broyant les hommes, il n'en conserve pas moins le principe de rigueur et de sobriété dans la composition même de sa pièce. Celle-ci s'accomplit sous la forme d'un trajet extrêmement précis : Oreste entre dans Argos en interpellant de vieilles femmes qui font des libations devant la statue de Jupiter et qui s'enfuient à son approche (p. 105) ; il en part, poursuivi par les Érinnyes qui « se jettent en hurlant derrière lui » (p. 247). De l'inhospitalité à l'ostracisme le plus cruel, Oreste ne cesse d'être victime d'un rejet de plus en plus violent pour culminer par la tentative de lapidation à laquelle il parvient à échapper. Que s'est-il passé entre-temps ?

■ Un schéma dialectique

L'organisation de l'action en trois actes constitue une sorte d'architecture générale de la pièce ; elle permet à Sartre d'en souligner l'ordre et d'en rendre visible la dynamique. Cet ordre n'est autre que celui qui se trouve au fondement de toute pièce.

L'acte de l'exposition

L'exposition doit répondre à deux impératifs : présenter les informations nécessaires à la compréhension de l'action théâtrale et susciter l'intérêt du spectateur.

Sartre semble jouer avec la convention classique de la scène d'exposition : dans la tragédie classique, un personnage secondaire fait souvent le récit des événements qui ont précédé et donne ainsi toutes les informations nécessaires à la compréhension de la pièce. Même si l'histoire d'Oreste est bien connue, il est cependant difficile à Sartre de ne pas en rappeler les circonstances. Il choisit donc de le faire d'une manière particulière : Oreste et le Pédagogue cherchent leur chemin dans cette ville inhospitalière et n'obtiennent d'information que d'un certain Démétrios, qui n'est autre que Jupiter, c'est-à-dire celui qui dirige le destin des hommes. Nous sommes loin du personnage secondaire traditionnel : chaque information est en même temps, de la part du dieu, une tentative de manipulation. Sartre fait même dire à Oreste, comme pour jouer avec l'artifice de l'exposition : « Vous semblez fort renseigné sur Argos » (p. 110).

Ceci est essentiel : il semble que Sartre ait choisi de renverser totalement le modèle antique : ainsi, l'*Électre* de Sophocle s'ouvre sur une scène au cours de laquelle le précepteur décrit à Oreste les lieux ; il lui rappelle son histoire et lui déclare : « J'ai fait de toi un homme pour la vengeance. » Tout le passé du jeune homme était donc tendu vers ce moment et la tragédie peut alors débuter. Il n'en est pas de même dans la pièce de Sartre, puisque les deux personnages sont égarés. Le Pédagogue déplore le fait que son maître ait choisi de venir dans « cette maudite bourgade » (p. 106) et il le presse de partir au plus vite. Il s'est toujours efforcé de détourner Oreste de cette ville sinistre et perdue. C'est pourquoi il est nécessaire qu'un nouveau personnage intervienne : le choix de Jupiter, caché sous une autre identité, est particulièrement intéressant, puisqu'il remplit un rôle subalterne et purement fonctionnel tout en amenant Oreste à s'éloigner d'Argos. Alors que la scène d'exposition doit être un seuil vers l'action, elle tend ici à interrompre la pièce à peine commencée, et l'action ne doit de continuer qu'en raison de l'arrivée inopinée d'Électre.

L'acte I ne prend donc fin qu'au moment où Oreste décide de rester dans Argos (p. 145). Entre-temps, il a revu pour la première fois sa sœur et sa mère. Ces rencontres ne l'ont pas amené à prendre une décision, cependant il ne fuit plus : l'action peut alors commencer.

L'acte de l'action

L'acte deux se divise en deux tableaux, le premier de quatre scènes, dont trois scènes dans lesquelles se trouve le plus grand nombre de personnages, puis la quatrième, la plus longue de toute la pièce, où dialoguent Oreste et Électre ; le second de huit scènes plus courtes et de rythme plus rapide. Les mouvements des personnages s'accélèrent, l'intrigue se resserre et l'action s'accomplit dans l'urgence. Seule la scène centrale où Jupiter cherche à faire plier Égisthe se distingue par sa longueur et par le retour au dialogue argumentatif alors que le reste de ce second tableau est dominé par des mouvements et des actes.

Entre ces deux tableaux centraux, l'attitude d'Oreste bascule ; l'on passe des grandes scènes de transe collective, où le héros n'est que spectateur, à l'accomplissement du meurtre tant attendu par Électre. Quelque chose d'essentiel s'est produit.

En effet, Oreste révèle son identité à la scène IV du premier tableau de l'acte II. Nous sommes à la page 173, c'est-à-dire à la moitié de la pièce (68 pages pour 74 pages restantes). Alors qu'Électre lui demande de partir d'Argos, il laisse tomber le masque qui le rendait en quelque sorte invisible au milieu de tous ceux qui pouvaient craindre ou espérer sa présence. Il ne désire encore à ce moment de la pièce que fuir Argos. Page 179 (74 pages pour 68 pages restantes), Oreste comprend, lorsque Jupiter, par le signe de la lumière qui fuse d'une pierre, lui ordonne de partir, qu'il existe « un autre chemin ». Cet autre chemin, il le décrit ainsi :

> « Je te dis qu'il y a un autre chemin…, mon chemin. Tu ne le vois pas ? Il part d'ici et il descend vers la ville. Il faut descendre, comprends-tu, descendre jusqu'à vous, vous êtes au fond d'un trou, tout au fond… »

(p. 180).

La décision que prend Oreste coïncide donc avec le centre de la pièce construite selon un schéma extrêmement tendu : une première partie au cours de laquelle Oreste doit assumer son identité aux yeux des autres, et notamment d'Électre ; puis une seconde partie juste après cet acmé où l'affirmation de son identité précède de peu la décision qu'il prend de tuer les coupables. Cette seconde partie est une descente au sens littéral puisque nous sommes situés sur « une plateforme dans la montagne » (p. 149), et au sens figuré puisqu'il s'agit du second temps de l'action dramatique qui va s'acheminer alors jusqu'à son dénouement.

Cette structure permet ainsi de mettre au centre du texte ce court moment de sept pages où toute la pièce bascule ; Oreste, après avoir proposé à Électre : « Viens, si tu m'aimes ; fuyons ensemble » (p. 174), puis affirmé : « Je ne m'en irai pas » (p. 177), a la révélation qu'il existe « un autre chemin », son chemin.

L'acte du dénouement

Le dénouement constitue une résolution de la situation : Sartre rompt la continuité de la pièce en plaçant ce troisième acte au matin de la seconde journée. Les deux héros se réveillent, le crime appartient au passé et ils vont devoir choisir entre l'assumer entièrement ou en faire un cauchemar, un souvenir qu'ils chercheront à fuir et qui les poursuivra.

Comme nous le voyons, le dénouement de cette pièce est tout à fait particulier : l'acte est commis, irréparable. Il n'y aura donc aucun *deus ex machina*, comme cela arrive souvent au théâtre. Mais si le crime est bien accompli, rien pour autant n'est joué. Tout l'intérêt final se concentre sur le choix des personnages. Le dénouement en quelque sorte n'est pas de l'ordre de l'événement, mais du jugement. Oreste et Électre vont être leur propre tribunal, chacun va, en conscience, donner son sens à l'acte commis en acceptant ou non de le reconnaître. Il n'y aura de renversement que dans le cas d'Électre qui accepte définitivement le rôle d'esclave dont elle se plaignait auparavant.

Le choix d'Oreste est quant à lui plus complexe, et l'on peut penser, ainsi que le fait Francis Jeanson dans son *Sartre par lui-même*, qu'Oreste invoque deux justifications qui sont incompatibles : d'une part, la volonté de donner une consistance à sa liberté, et d'autre part celle de libérer Argos de la tyrannie du remords qu'incarne Égisthe : « Sincèrement persuadé de vouloir être l'un d'eux, il ne visera en fait qu'à se sentir exister par leur intermédiaire. Dans ces conditions, son comportement à leur égard versera tout entier dans le *magique*. » Pour F. Jeanson, Oreste imagine que la liberté se répandra par contagion de l'exemple. Et, en effet, Oreste ne cède-t-il pas à l'illusion dont Électre elle-même avait été victime et qu'elle dénonce p. 170 : « J'ai cru que je pourrais guérir les gens d'ici par des paroles » ?

La référence au joueur de flûte, anachronique puisqu'elle est tirée d'un conte des frères Grimm, montre qu'Oreste n'est peut-être pas dupe de ce qu'il fait. Il mime bien une sorte de tour de magie, puisqu'il donne à son discours une dimension performative : ce qu'il dit a une efficacité directe et concrète et les mouches le suivent, comme les rats suivent dans son récit le joueur de flûte. C'est peut-être qu'il n'existe pas d'autre voie pour atteindre les hommes que la parole. De la même manière que, malgré tout son amour, il ne peut rien pour Électre, parce que ses souffrances viennent d'elle, et qu'elle seule peut s'en libérer (p. 227), il ne peut faire plus qu'apporter sa révélation aux Argiens pour les libérer de la tyrannie politique. Et ainsi qu'il le dit à Jupiter page 238, ils feront « ce qu'ils voudront » de cette liberté. Faire plus serait nier cette liberté qu'il leur annonce et dont eux seuls peuvent prendre la mesure (voir l'analyse de Michel Leiris dans *Annexes*, p. 120).

▪ Une action en deux temps

Sous l'architecture apparente de la pièce, il nous faut à présent découvrir la véritable ligne de force : il s'agit de la séparation de l'acte II en deux tableaux. Le mode d'organisation de cet acte n'a pas d'équivalent dans le reste de la pièce. Comment expliquer les raisons de ce découpage qui ne présente aucun intérêt apparent ?

De l'hésitation à la résolution

On peut ainsi observer que les deux moitiés de la pièce s'opposent en différents points essentiels : tout d'abord, la première moitié se passe à l'extérieur, sur une place d'Argos, puis sur une plate-forme dans la montagne, alors que la seconde se situe à l'intérieur, dans la salle du palais, puis dans le temple d'Apollon. À l'ouverture de la première s'oppose donc le resserrement de l'espace dans la seconde.

Cette opposition spatiale trouve un équivalent dans la psychologie des personnages. Pendant toute la première partie de la pièce, Oreste n'envisage pas d'accomplir le crime que chacun espère ou redoute de le voir commettre. S'il reste à la fin du premier acte, c'est afin de convaincre Électre de fuir Argos avec lui (p. 131, 169, 174). Il parle relativement peu par rapport aux autres personnages, n'a que rarement l'initiative et semble se caractériser par son hésitation, son indétermination : à la scène IV de l'acte I, il ne répond que ces mots aux questions d'Électre : « Je ne sais plus » (p. 132), « Je ne sais pas » (p. 133), et encore

« Je ne sais pas » (p. 135), lorsqu'elle lui demande ce que ferait un jeune Corinthien s'il trouvait à son retour son père assassiné et sa mère dans les bras du meurtrier.

Oreste n'est donc jusqu'alors qu'un personnage qui observe, comme lors de la grande comédie de la cérémonie des morts au cours de laquelle Jupiter le contraint à garder sa place de spectateur. Il ne commence à agir qu'à partir du second tableau. C'est alors lui qui prend les initiatives, il se révèle être le véritable actant de la pièce, et prend en quelque sorte la maîtrise de la parole. En effet, alors qu'auparavant il ne faisait essentiellement qu'écouter les autres personnages et n'avait pour véritable interlocuteur que le personnage secondaire du Pédagogue, il se révèle capable de répondre à Jupiter et de le tenir verbalement et concrètement en échec.

Comment Philèbe devient Oreste

La concentration de l'espace dans la seconde partie de la pièce signifie donc l'accélération de l'action : les scènes se font plus nombreuses et plus rapides, elles se succèdent au fil des entrées et des sorties des personnages. Alors que dans la première partie, Oreste était surveillé et espionné par Jupiter (dans la première scène, mais aussi à la scène IV du premier tableau de l'acte II), c'est ensuite lui qui se cache et qui surprend la conversation de Jupiter et d'Égisthe (p. 193...). Le rapport de forces qui opposait les deux personnages se renverse donc au profit du jeune héros. Auparavant c'est Jupiter qui pouvait cacher son identité et tirer les fils de l'action sans être vu. Avec le miracle de la pierre illuminée qui ne suscite que le rire d'Électre et qui n'a aucune influence sur Oreste, Jupiter perd son omnipotence et son omniscience. Il est contraint de se manifester directement et doit devenir une sorte de sophiste.

À l'inverse, Oreste est amené à se libérer de son nom d'emprunt, Philèbe. La signification de ce nom : « qui aime la jeunesse » désigne clairement ce qui retenait Oreste ; celui-ci peut à présent se détacher de la nature qui chantait auparavant autour de lui les louanges du créateur de l'univers (p. 236). La douceur, l'apathie de sa jeunesse a cédé à un bouleversement radical :

> « Mais, tout à coup, la liberté a fondu sur moi et m'a transi »
>
> (p. 236).

Oreste reprend ici les termes qu'il avait utilisés auparavant : « la liberté a fondu sur moi comme la foudre » (p. 210). Cette foudre que Jupiter ne peut utiliser contre les mortels qui ont découvert leur liberté, elle est à présent en Oreste. Les connotations de virilité et de puissance qui s'y attachent sont le signe de l'évolution du personnage.

▪ Une matrice de l'ensemble de la pièce : la dissymétrie

Dans cette ville où la confession publique est pratique courante, certains cherchent, au contraire, à utiliser le langage comme un outil de maîtrise, voire de manipulation d'autrui. Ce faisant, ils rompent le contrat de sincérité qui est un *a priori* de toute conversation. En effet, le dialogue ne serait pas possible si chacun ne présupposait pas que son ou ses interlocuteurs di(sen)t la vérité. Une symétrie dans les rapports dialogiques est donc nécessaire, et nous allons voir qu'elle est perturbée de plusieurs manières dans cette pièce. Considérons tout d'abord les perturbations volontaires.

Duplicité et inauthenticité

Certains personnages s'efforcent, en effet, de cacher leur véritable identité. En brouillant ainsi leur image d'émetteur du message, ils peuvent d'une certaine manière être présents sur scène tout en étant cachés : c'est le cas principalement de Jupiter qui se présente comme un simple mortel du nom de Démétrios pendant toute la première moitié de la pièce (p. 110). Sartre montre toute la duplicité de cette situation en multipliant les jeux d'ambiguïté sémantique, comme à la page 116, où le dieu s'exclame :

> « Ah ! qu'il a changé depuis, le peuple léger d'Argos, et qu'il est proche à présent de mon cœur ! »
>
> (p. 116).

Devant l'étonnement d'Oreste, Jupiter s'excuse : « Je parlais pour moi-même. » Mais là encore, le sens de son propos est double, puisque Jupiter veut dire qu'il parlait en aparté, mais dit aussi qu'il parlait à son sujet, c'est-à-dire de lui-même en tant que dieu. C'est ainsi que le spectateur peut entendre ses paroles.

En effet, seul le spectateur est en mesure de saisir la portée de cette dissymétrie dans ces relations, faussées par le fait que Jupiter cache sa véritable identité, à la vieille Argienne, page 114, mais aussi à Oreste, pages 115 et 157. Il montre lui-même le pouvoir que lui procure cette situation en faisant référence aux aventures de Télémaque :

> « Voyez l'exemple de Télémaque, vous savez, le fils du roi Ulysse. Un beau jour il a rencontré un vieux monsieur du nom de Mentor, qui s'est attaché à ses destinées et qui l'a suivi partout. Eh bien, savez-vous qui était ce Mentor ?»
>
> (pp. 145-146).

Il s'agit de la déesse Athéna. Jupiter en évoquant ainsi l'*Odyssée* éclaire, par une sorte de mise en abyme, sa propre situation de dieu masqué, guidant secrètement la vie des hommes. Le ton léger de son propos rend parfaitement inoffensif ce clin d'œil littéraire.

Oreste lui-même cache son identité (à la page 118 avec Jupiter, à la page 128 avec Électre), mais afin de se protéger et non pas de manipuler. Pour lui, exister sous le nom de « Philèbe » est le signe d'une inauthenticité, d'une perte d'identité qui se marque dans le rôle effacé qu'il joue pendant toute la première moitié de la pièce : dans la scène qui oppose Électre et Clytemnestre, Oreste est en quelque sorte oublié par les deux femmes. La reine ne remarque sa présence que lorsqu'Électre en appelle à lui. De plus, elle cherche avant tout à se mettre elle-même en scène. Privé ainsi de personnalité, Oreste est continuellement renvoyé à sa situation d'étranger et rejeté de la cité. En continuant (pages 175, 177...) à le nommer Philèbe alors qu'elle connaît son véritable nom, Électre marque clairement l'inauthenticité d'Oreste qui n'est pas encore reconnu pour lui-même.

Les méprises

Cependant, il existe aussi des dissymétries involontaires : elles peuvent introduire dans la pièce un comique de situation, comme lorsque le Pédagogue aperçoit l'homme qui les suit et qu'il pense être un espion d'Égisthe :

> « De ma vie je n'ai vu pareille barbe, si j'en excepte une, de bronze, qui orne le visage de Jupiter Ahenobarbus, à Palerme »
>
> (p. 108).

Ou lorsqu'Égisthe veut faire rosser Jupiter qui vient de s'introduire dans son palais et qu'il n'a pas reconnu (p. 193). Mais elles peuvent être le signe d'une méconnaissance plus grave : à la page 120, Oreste ne dit que trop vrai en s'exclamant « Par Jupiter ! » devant le petit tour de magie de son interlocuteur. Clytemnestre, de même, ne cesse d'être la victime inconsciente d'une ironie tragique : en parlant, à la page 139, à Philèbe de sa mère ou en lui demandant, « par [sa] mère » (p. 144) de partir d'Argos, elle manifeste son aveuglement et montre qu'elle n'est pas capable de réveiller en elle l'amour maternel qu'elle invoque cependant à la page 141.

Si tous ces effets de dissymétrie ont une telle importance dans la pièce, c'est qu'ils sont l'expression d'une inauthenticité des personnages et d'une falsification de leurs rapports : ils seront résolus à la suite de la crise que vit Oreste, écartelé entre son sentiment d'être étranger à cette ville et son besoin de donner corps à son existence en posant un acte. Son acte sera pour lui une manière d'être en accord avec lui-même : à la fin de la pièce, il peut crier aux Argiens : « Je suis Oreste » (p. 245).

3 - UN THÉÂTRE D'IDÉES

Sartre présentait la pièce, au moment de sa publication, comme une « tragédie de la liberté ». En s'autorisant du modèle de la tragédie, il s'inscrit dans une longue tradition qu'il renouvelle de plusieurs manières.

▪ Une subversion du modèle tragique

La tragédie de la liberté dont parle Sartre s'avère être l'envers de la « tragédie de la fatalité » qui représente la source directe des *Mouches.* Oreste apparaît bien dans les pièces d'Eschyle, de Sophocle et d'Euripide comme une figure de la Fatalité, puisque c'est le dieu Apollon lui-même qui lui enjoint de venger la mort de son père, le roi Agamemnon. Cependant, en tuant sa mère, Oreste tombe lui-même sous le coup de la loi du talion et doit à son tour expier. Il lui faut alors se purifier dans le temple d'Apollon où il a trouvé refuge. Comme nous le voyons, Apollon ne garde, dans la pièce de Sartre, que sa fonction de divinité protectrice. Il s'efface au profit de Jupiter qui s'emploie ici à empêcher, et non plus à imposer, la vengeance du meurtre d'Agamemnon.

L'acte d'Oreste n'est donc plus l'accomplissement d'une volonté supérieure, la réalisation de son *fatum*, de son destin, mais au contraire, il lui est (accidentellement) suggéré par ceux qui voudraient l'en détourner, c'est-à-dire Jupiter :

> « Je dirais donc : "Jeune homme, allez-vous-en ! Que cherchez-vous ici ? Vous voulez faire valoir vos droits ? [...] vous avez mieux à faire qu'à régner sur une ville à demi morte, une charpente de ville tourmentée par les mouches" »
>
> (p. 118),

mais aussi le Pédagogue :

> « Je craignais – on a beau s'être entraîné de bonne heure à l'ironie sceptique, il vous vient parfois de sottes idées – bref, je me demandais si vous ne méditiez pas de chasser Égisthe et de prendre sa place »
>
> (p. 125).

Si Sartre s'écarte radicalement de la conception antique de la tragédie, il s'écarte aussi de sa variante néoclassique, représentée à l'époque par des dramaturges comme Cocteau ou Giraudoux et qui a constitué une référence théâtrale essentielle pendant l'entre-deux-guerres. La pièce de Cocteau, *La Machine infernale*, exprime parfaitement l'idée que l'on se fait à l'époque du tragique : une mécanique implacable s'impose au destin funeste d'un héros, impuissant à échapper aux coups de la fatalité.

Or Sartre semble reprendre à ce genre théâtral de très nombreux éléments, comme le montrent l'emploi des anachronismes (la référence aux « villes universitaires » page 123, la cravate du petit garçon, page 149...) ou encore l'usage des dialogues à caractère philosophique (Jupiter fait figure de rhéteur, cherchant à manipuler Égisthe ou Oreste), qui inscrivent *Les Mouches* dans la droite ligne du théâtre de Giraudoux. En quoi cette pièce qui traite d'un mythe antique, et mêle costumes d'alors et langue parlée de notre époque, diffère-t-elle donc des modèles de l'époque, Giraudoux ou Cocteau ?

C'est qu'il n'y est plus question d'un enchaînement mécanique. La présence de Jupiter ne suffit pas à faire dépendre le déroulement de l'action d'un autre ressort que celui de la seule volonté du héros. Tout n'est pas joué d'avance et aucun oracle ne vient s'imposer à Oreste. Bien au contraire, Sartre prend bien soin, lors du dialogue entre Égisthe et Jupiter, de distinguer le crime d'Oreste, méthodique, paisible, léger, de celui qu'avait commis Égisthe lui-même et qui nous est décrit ainsi :

> « J'ai aimé le tien parce que c'était un meurtre aveugle et sourd, ignorant de lui-même, antique, plus semblable à un cataclysme qu'à une entreprise humaine »
> (p. 199).

Le crime d'Oreste ne sera donc pas « antique », et lorsqu'Électre, aux pages 172-173, tente de jouer en quelque sorte le rôle qui revenait à Apollon dans les tragédies antiques, en prophétisant le destin de son frère, Oreste ne peut que faire tomber ses illusions en lui montrant que le valeureux guerrier qu'elle attend n'est autre que le doux « Philèbe ». Il est loin alors d'avoir la consistance du personnage tragique, tout entier tourné vers son destin, lui qui ne sait même plus qui il est (pp. 175, 176).

▪ Au-delà du théâtre de caractères

L'accent mis sur le choix que fait Oreste ne doit cependant pas nous conduire à penser que *Les Mouches* seraient une pièce où domine l'analyse psychologique. Sur ce point, l'étude de la réception de la pièce montre que le public a été, à juste titre, dérouté. Ce public ne pouvait sur un tel sujet que s'aider de repères essentiels comme la tragédie de l'époque classique (dont Racine est le modèle), le drame romantique (et, certes, il est clair qu'*Hamlet* de Shakespeare ou *Lorenzaccio* de Musset ont influencé Sartre) ou encore le théâtre à thème mythologique précédemment évoqué. Tous ces modèles se caractérisent par l'importance considérable accordée à l'analyse psychologique et à la peinture très minutieuse de caractères humains. De ce point de vue, les pièces de Giraudoux ou de Cocteau représentaient l'ultime étape dans le raffinement que l'on peut apporter à la peinture des caractères et à la subtilité des dialogues.

Un crime sans mobile ?

On peut remarquer, au contraire, dans *Les Mouches* une certaine indifférence à l'égard de ce goût de l'époque pour les nuances dans les portraits des différents personnages. Ainsi, Sartre ne prend pas soin de nous livrer les mobiles des actes de ses personnages. Il fait même dire à Clytemnestre, lorsqu'elle décrit à Électre le crime qu'elle traînera derrière elle : « Tu ne le comprendras même plus » (p. 142). Ceci a parfois conduit la critique de l'époque, déroutée par cette absence de motivation psychologique, à assimiler le crime d'Oreste à « l'acte gratuit » qu'accomplit Lafcadio dans *Les Caves du Vatican*, de Gide. Ceci est, cependant, un véritable contresens sur la pièce de Sartre (voir *Échos et correspondances*, p. 107). Les protagonistes ne se distinguent pas en fonction de traits psychologiques qui leur seraient propres. Tous ont, au contraire, recours à un même ensemble de réseaux sémantiques et de métaphores que l'on retrouve tout au long du texte. C'est donc en mettant en parallèle l'usage qui est fait de ces images que l'on peut évaluer l'évolution de l'attitude de chacun des personnages.

Prenons pour exemple l'opposition entre le lourd et le léger. Ces qualités antithétiques permettent à Oreste de s'étonner ironiquement que ses connaissances en archéologie ne l'alourdissent pas davantage :

> « Je ne veux pas me plaindre : tu m'as laissé la liberté de ces fils que le vent arrache aux toiles d'araignée et qui flottent à dix pieds du sol ; je ne pèse pas plus qu'un fil et je vis en l'air »
>
> (p. 123).

Il se décide donc à agir pour connaître « les denses passions des vivants » (p. 176) et se libérer de l'impression de n'être qu'un « fantôme ». Il dit alors adieu à la légèreté de sa jeunesse (p. 181) et son crime, une fois qu'il est accompli, lui pèse « comme du plomb » (p. 240). À l'opposé, Jupiter est effrayé à l'idée qu'Oreste ne connaisse pas le remords, et c'est par l'image de la légèreté qu'il désigne ce qui l'irrite chez Oreste :

> « Qu'ai-je à faire d'un meurtre sans remords, d'un meurtre insolent, d'un meurtre paisible, léger comme une vapeur dans l'âme d'un meurtrier ? »
>
> (p. 199).

De la même manière, l'image du soleil peut se charger de connotations extrêmement différentes dans le texte. Le soleil torride et proche de l'enfer chrétien symbolise la culpabilité qui écrase et étouffe les habitants d'Argos : « cette maudite bourgade qui rissole au soleil », page 106, ou page 158 où Égisthe décrit ainsi l'âme d'une morte : « Son âme est un midi torride, sans un souffle de vent, rien n'y bouge, rien n'y change, rien n'y vit, un grand soleil décharné, un soleil immobile la consume éternellement. » Un soleil euphorisant s'oppose à cette image du remords. Ainsi, lors de la cérémonie des morts, Électre annonce ceci aux habitants d'Argos :

> « [...] il y a en Grèce des villes heureuses. Des villes blanches et calmes qui se chauffent au soleil comme des lézards »
>
> (p. 163).

Il s'agit d'une inversion de l'image à laquelle avait recours Jupiter, lors de sa première rencontre avec Oreste, pour décrire l'une des habitantes de la ville :

> « [...] c'est un beau spécimen de cette faune noire et plate qui grouille dans les lézardes. [...] Voilà ma pêche. Regardez-moi l'horreur ! Hou ! Tu clignes des yeux, et pourtant vous êtes habitués, vous autres, aux glaives rougis à blanc du soleil »
>
> (p. 113).

Jupiter fait donc du soleil un instrument de culpabilisation alors qu'Électre est heureuse de s'exclamer : « j'occupe ma place au soleil » (p. 164), et qu'Oreste renverse à son tour l'image de Jupiter en assurant à sa sœur, effrayée par les Érinnyes qui symbolisent le remords, que « les rayons du jour les transperceront comme des épées ».

Sartre a, de plus, recours à tout un bestiaire pour évoquer les qualités morales de ses personnages : Électre est une « vipère » (p. 143), Égisthe, un « cheval » que Jupiter se réjouit de devoir dompter (p. 196), mais, une fois mort, il apparaît à Électre comme un « porc immonde » dont elle ne supporte pas le « regard de poisson mort » (p. 208). Les Érinnyes elles-mêmes, mi-femmes, mi-animales (comme le montre le « refrain » de leur chant à la page 218), accentuent cette confusion permanente entre le règne humain et le règne animal auquel la peur et le remords réduisent les Argiens.

Le choix du titre

Il convient alors, à la lumière de l'analyse du refus de Sartre d'une psychologie traditionnelle, de se poser la question du choix du titre. D'une certaine manière, ni Oreste, ni Électre ne sont le véritable sujet de la pièce puisqu'il ne s'agit pas ici de peindre la figure d'un héros de la mythologie. Mais pour quelles raisons Sartre choisit-il de faire référence aux mouches ?

Le Pédagogue lui-même demande à Jupiter pourquoi les dieux ont envoyé les mouches. Celui-ci lui répond : « Oh ! c'est un symbole » (p. 113) et change ensuite de sujet. Derrière la désinvolture qui est affichée par le roi des dieux (qui est en quelque sorte comme une image du dramaturge, de celui qui maîtrise, ou prétend maîtriser tous les fils de l'intrigue), il faut reconnaître une invitation à interpréter, à voir dans les mouches une allégorie de l'ensemble de la pièce. En effet, les mouches concentrent tout un faisceau de significations qui constituent le véritable sujet de la pièce : la suspicion (le terme « mouche » pouvant désigner un espion) particulièrement importante à l'époque de l'Occupation, l'abrutissement, la torpeur dans laquelle la peur plonge les habitants (d'où l'emploi des mots « tsé-tsé » dans la formule magique de Jupiter), mais aussi, par métonymie, la mort, la pourriture qui constituent un champ sémantique extrêmement important dans le texte : les mouches sont attirées par une « puissante odeur de charogne » (p. 109) et cette odeur omniprésente de décomposition symbolise la peur dans laquelle sont tenus les Argiens, comme le montre Jupiter en répliquant au Pédagogue qui se félicitait de « l'excellence de [sa] philosophie » et de son « teint fleuri » :

> « Quelques coquelicots sur tes joues, mon bonhomme, ça ne t'empêchera pas d'être du fumier, comme tous ceux-ci, aux yeux de Jupiter. Va, tu empestes, et tu ne le sais pas. Eux, cependant, ont les narines remplies de leurs propres odeurs, ils se connaissent mieux que toi »
>
> (p. 153).

Ainsi, les mouches sont le symbole d'une situation de remords aux implications complexes et dont les enjeux dépassent largement les seules considérations psychologiques.

▪ Un théâtre de situations

La notion de « situation » est une clé essentielle du théâtre de Sartre, qui propose, dans « Pour un théâtre de situations » de « montrer au théâtre des situations simples et humaines, et des libertés qui se choisissent dans ces situations ». Il doit s'agir de « situations-limites », puisque alors, la liberté se découvre à son plus haut degré. Par « situation », il faut donc entendre les conditions concrètes qui accompagnent tous nos actes dans l'existence. Ces conditions sont de divers ordres : conditions matérielles et économiques, présence des autres, du regard qu'ils posent sur ce que je fais, conditions historiques dans lesquelles est plongé tout individu (le meilleur exemple n'étant autre que la guerre qui représente la contrainte, la limitation la plus évidente à l'existence de chacun)... Nos choix sont sans cesse déterminés par ces multiples conditions qui définissent la situation concrète dans laquelle doit s'exercer toutes nos actions. Mais il faut préciser que cette notion s'applique dans le théâtre de Sartre d'une manière extrêmement précise.

En effet, on peut observer que la pièce s'organise autour de certaines situations récurrentes. Prenons comme exemple les jugements que portent les personnages sur Oreste. Celui-ci est, en effet, perçu par ses interlocuteurs en fonction des désirs qui les animent. Ainsi, Électre ne cesse de renvoyer Oreste à la féminité qu'elle décèle en lui et qu'elle oppose à la force du frère qu'elle attend en rêve. Cette féminité l'attire (« ton doux visage de fille », p. 170), mais elle s'en moque lorsqu'elle lui semble être un obstacle à ses désirs de vengeance : « Va-t'en, chien, va chez les femmes, car tu n'es rien d'autre qu'une femme » (p. 172). Le même mépris se fait entendre dans les paroles de Jupiter : « Qui l'aurait cru, hier, en voyant ton visage de fille ? » (p. 239). Oreste est donc amené devant le rejet violent de sa sœur à assumer peu à peu le rôle qu'elle lui a assigné dans ses rêves. Pages 181-182, il quitte sa douceur et se revêt de la violence qui a souillé les habitants d'Argos. Il évoque alors la ville en filant la métaphore d'une femme qu'il doit prendre :

> « Elle est là, rouge sous le soleil, bourdonnante d'hommes et de mouches, dans l'engourdissement têtu d'un après-midi d'été ; elle me repousse de tous ses murs, de tous ses toits, de toutes ses portes closes. Et pourtant elle est à prendre, je le sens depuis ce matin. Et toi aussi, Électre, tu es à prendre. Je vous prendrai. Je deviendrai hache et je fendrai en deux ces murailles obstinées, j'ouvrirai le ventre de ces maisons bigotes... »
>
> (p. 181).

Un désir incestueux se mêle donc au désir de commettre cet acte qui le rendra viril aux yeux de sa sœur. Oreste, par ce geste, entend quitter sa douceur (il n'a que 18 ans) et bouleverser ainsi la situation dans laquelle le placent son âge et sa condition de fils sans père, devenu étranger dans Argos.

Bien sûr, ceci n'est qu'un exemple de l'importance que peut avoir la notion de « situation » dans la pièce de Sartre. Celle-ci est tout entière concentrée autour de la question de l'attitude qu'Oreste (la question vaut aussi pour les autres personnages) adoptera afin d'affronter, d'éviter ou encore de modifier la situation dans laquelle le plonge son arrivée à Argos.

▪ Une remise en cause des valeurs morales

Si le théâtre de Sartre se définit avant tout par les tensions qu'éprouvent les personnages confrontés à une situation donnée et par les choix qui engagent leur existence, le spectateur se trouve alors lui-même interpellé. L'unification du public à laquelle aspire Sartre a comme ressort le caractère universel des questions qui sont « mises en scène ». Le choix d'un théâtre d'idées, au détriment de l'analyse psychologique qui place le spectateur dans une position d'observateur extérieur, conduit chacun à prendre part – sans qu'il s'agisse d'un processus d'identification, puisqu'il n'y a pas de héros positif dont la conduite pourrait servir de modèle, mais seulement plusieurs choix faits en fonction d'une situation précise.

Ni bien, ni mal

Mais il ne peut être question de liberté que si le choix qu'ont à accomplir les personnages ne coïncide pas avec des valeurs morales qui seraient transcendantes et qui s'imposeraient d'elles-mêmes. Oreste en fait l'expérience lorsqu'au plus fort de ses doutes, alors qu'Électre vient de refuser qu'il reste à Argos, il supplie par ces mots Jupiter :

> « Si du moins j'y voyais clair ! Ah ! Zeus, Zeus, roi du ciel, je me suis rarement tourné vers toi, et tu ne m'as guère été favorable, mais tu m'es témoin que je n'ai jamais voulu que le Bien. À présent je suis las, je ne distingue plus le Bien du Mal et j'ai besoin qu'on me trace ma route »

(p. 178).

Or Jupiter, par le signe d'une lumière qui fuse autour d'une pierre, approuve le choix de la « résignation » et de « l'abjecte humilité » qu'évoque à ce moment Oreste. Celui-ci alors est confronté à un véritable bouleversement des hiérarchies de valeurs :

> « Alors… c'est *ça* le Bien ? Filer doux. Tout doux. Dire toujours "Pardon" et "Merci"… c'est ça ? Le Bien. *Leur* Bien… »
>
> (p. 179).

L'expression « filer doux » rappelle étrangement le conseil donné, au tout début de la pièce, par Jupiter-Démétrios : « éloignez-vous sur la pointe des pieds » (p. 118). Le signe envoyé par Jupiter amène Oreste à prendre conscience du caractère relatif de la notion de Bien. Nul critère objectif, nulle valeur abstraite ne peut trancher le cas qui se présente à lui et le Bien auquel il peut tenter de se référer ne sera jamais qu'un discours parmi d'autres, « une route » toute tracée, mais jamais son chemin : « et il n'y a plus rien eu au ciel, ni Bien ni Mal, ni personne pour me donner des ordres » (p. 236).

Ni théodicée

La longue tirade de Jupiter à la scène II de l'acte III est, sur cette question, essentielle : elle représente une synthèse des multiples discours religieux et philosophiques qui peuvent prétendre donner une explication générale de l'univers, situer l'homme à l'intérieur d'un tout orienté, une théodicée où chaque élément est justifié par une cause première ou une fin dernière. Tout ce qui est réel est le Bien et l'erreur, la souffrance, le mal ne sont que des « reflets de l'être ». L'homme est dépossédé de toute véritable responsabilité, sinon celle de se conformer à l'ordre extérieur qui s'impose à lui. Sartre fait à ce moment référence à Pascal à qui il reprend la figure du

« ciron », terme que Pascal applique à l'homme appelé à prendre conscience de son humble condition de créature de Dieu :

> « Rentre en toi-même, Oreste : l'univers te donne tort, et tu es un ciron dans l'univers. Rentre dans la nature, fils dénaturé : connais ta faute, abhorre-la, arrache-la comme une dent cariée et puante »
>
> (p. 234).

L'outrance parodique du texte de Sartre ne doit pas faire oublier l'importance de ce type de discours dont le modèle le plus noble est certainement la réponse, dans l'Ancien Testament, de Dieu aux lamentations de son serviteur éploré, Job. Jupiter tente de même d'étouffer toute révolte en rappelant qu'il est le créateur de tout ce qui existe, créateur de l'homme lui-même, qui est un « intrus » dans l'univers. Si l'homme n'est qu'un être créé, il n'est pas juge de ce qui est et doit se conformer à l'ordre des choses, puisque le Bien, c'est ce qui est.

Ni tout autre discours

On peut identifier tout au long de la pièce d'autres discours qui tentent d'expliquer ainsi le mal ou le malheur et qui sont utilisés pour décharger les hommes de leur liberté. L'un de ces discours n'est autre que celui de la religion chrétienne, très souvent présent comme le montrent, par exemple, l'usage du mot « pécher » (p. 154) qui n'appartient pas au vocabulaire du monde antique, ou la référence à « l'ivraie » (p. 199) qui rappelle la parabole de l'ivraie (Saint Matthieu **13**, 24).

D'autres discours sont plus insidieux et plus difficiles à identifier, comme les quelques références à l'idéologie pétainiste, lors de la danse d'Électre qui évoque « l'humble contentement du paysan », modèle du régime vichyssois, et que l'on décrit par ces mots :

« elle danse au soleil, comme l'étoffe claquante d'un drapeau » (p. 165). Il est possible d'interpréter ces références comme la parodie par Sartre du pacifisme d'avant-guerre ou du temps de l'Occupation qui, sous couvert d'un appel à un optimisme béat, masque les réalités de la guerre. D'autres éléments font référence au fascisme d'État qui cherchait à justifier les événements en désignant un bouc émissaire : on ne peut entendre les paroles d'Égisthe concernant Électre, « le dernier rejeton d'une race maudite » (p. 161), race qu'il se propose « d'écraser contre terre », « d'anéantir » (p. 165), sans penser à l'antisémitisme pendant la Seconde Guerre et à l'organisation de l'extermination systématique du peuple juif.

4 - DES PERSONNAGES EN QUÊTE D'AUTHENTICITÉ

■ Oreste : « la vie humaine commence de l'autre côté du désespoir »

Oreste se présente, au début de la pièce, comme un mort en sursis. Jupiter déclare, à la page 117 : « on le dit mort », et devant l'étonnement de l'intéressé, le Pédagogue renchérit : « Mais oui, mon maître, vous savez bien qu'il est mort. Les gens de Nauplie nous ont conté qu'Égisthe avait donné l'ordre de l'assassiner. » Et c'est bien comme un mort qu'Oreste se décrit lui-même :

> « Qui suis-je et qu'ai-je à donner, moi? J'existe à peine : de tous les fantômes qui rôdent aujourd'hui par la ville, aucun n'est plus fantôme que moi. J'ai connu des amours de fantôme, hésitants et clairsemés comme des vapeurs; mais j'ignore les denses passions des vivants »
>
> (p. 176).

Devenir un vivant, avoir ses propres souvenirs, prendre place parmi les habitants d'Argos, voilà ce que désire Oreste.

C'est qu'Oreste est comme transparent, sans profondeur ; le Pédagogue lui fait le reproche suivant : « Ah ! Comme vous avez changé ! Je lisais en vous autrefois... » (p. 121). Lire en quelqu'un, c'est en maîtriser les ficelles, en réduire la complexité psychologique à un ensemble de déterminismes simples, ce que fait Jupiter à l'égard d'Électre, à la page 229 : « Tu peux me faire confiance. Est-ce que je ne lis pas dans les cœurs ? »

Pour échapper à cette inconsistance, Oreste est tenté par l'engluement dans les choses, comme si l'insertion dans la vie quotidienne des gens qui le rejettent suffisait à lui faire oublier son vide intérieur :

> « Comprends-moi : je veux être un homme [...] parmi les hommes. Tiens, un esclave, lorsqu'il passe, las et rechigné, portant un lourd fardeau [...] il est *dans* sa ville, comme une feuille dans un feuillage [...] je veux être cet esclave Électre, je veux tirer la ville autour de moi et m'y enrouler comme une couverture »
>
> (p. 177).

Cette condition d'esclave, d'homme réduit à la condition de chose, lui paraît préférable à son angoisse. Il en vient de même à assumer le rôle de soldat que Jupiter (p. 118), et Électre (pp. 171, 175) veulent lui faire jouer, alors qu'il ne s'est jusqu'alors jamais servi de son épée (p. 173).

Cependant, il parvient à dépasser son désespoir lorsqu'il découvre que son sentiment d'être étranger aux autres et à lui-même n'est autre que la conséquence de sa liberté. Cette révélation le transforme entièrement : il n'est plus possible de lire sur son visage (Électre : « il n'y a rien d'écrit sur ton visage ») et il ne dit plus « je ne sais pas » (p. 135), mais ne cesse au contraire de s'affirmer et d'imposer aux autres sa vérité.

■ Électre ou le conte de fées tragique

Électre est jalouse de sa mère, dont la beauté la dégoûte, qui la contraint à s'habiller en noir alors qu'elle désire mettre sa belle robe blanche afin de danser elle aussi, et à laquelle elle ressemble tant. Elle affirme qu'Agamemnon son père vient la nuit lui parler d'amour : « Savez-vous quels mots d'amour et de regret sa voix rauque et brisée me chuchote ? » (p. 162). On reconnaît avant tout en elle un complexe dont le modèle pourrait être Cendrillon :

> « La dernière des servantes. Je lave le linge du roi et de la reine. C'est un linge fort sale et plein d'ordure. [...] Je fais la vaisselle aussi. Tu ne me crois pas ? Regarde mes mains. Il y en a, hein, des gerçures et des crevasses ? [...] M'enfermer dans une grande tour, tout en haut ? Ça ne serait pas une mauvaise idée, je ne verrais plus leurs visages »
>
> (pp. 129-130).

La pauvre princesse est seule, rejetée de tous, mais elle rêve de celui qui viendra la libérer de cette tyrannie.

Cependant, elle tente, alors qu'Oreste n'a pas encore révélé sa présence, de secouer son joug et de faire tomber la mascarade du pouvoir d'Égisthe. Elle intervient au moment où Oreste vient de tirer son épée contre l'usurpateur, à la page 160, rendant ainsi inutile son initiative. Son appel au bonheur est entendu des Argiens. Mais l'exil que lui impose Égisthe (p. 167) transforme immédiatement son désir de bonheur en haine.

C'est qu'amour et haine ne sont qu'un seul sentiment chez Électre dont toute l'existence est gouvernée par l'ambivalence : cette mère qu'elle hait devient ainsi son bourreau, incarné par les Érinnyes à la maternité cannibale. La fascination que cette femme exerce sur elle provoque une culpabilité, une souffrance morale qui est encore une manière de l'aimer. La scène du meurtre, à la page 207, témoigne parfaitement de cette ambivalence. Électre y fait l'expérience d'une dissociation entre la haine pure, abstraite, fantasmée qu'elle rêvait et son accomplissement : elle ne reconnaît plus ce qu'elle avait voulu, parce que derrière ce désir de tuer sa mère se trouve aussi un désir d'amour dont témoigne son cauchemar, le lendemain du crime (p. 219). La mise en scène angoissante pour elle d'une fausse couche tragique montre son attachement à Clytemnestre : tuer sa mère, c'est comme mourir à son tour, devenir une mort-née.

Incapable de comprendre l'ambivalence de ses sentiments, Électre est alors conduite à choisir de devenir l'esclave qu'elle se plaignait d'être. Ses premières paroles à Oreste étaient pour se plaindre d'être une servante, elle le fuit à la fin en se faisant l'esclave de celui qu'elle appelait « ordure » auparavant.

■ Jupiter : les dieux ont un secret

Le personnage de Jupiter est continuellement tendu entre deux attitudes : d'une part, une position de maîtrise sur tous les autres personnages et d'autre part, une faiblesse toute humaine.

Jupiter, en effet, jouit d'une omniscience qui lui donne une supériorité sur les autres : lui seul possède toutes les informations nécessaires dès le début de la pièce. Il connaît la véritable identité d'Oreste qui croit pouvoir le leurrer. Il semble diriger, tel un metteur en scène, la cérémonie des morts à laquelle il assiste, avec Oreste et le Pédagogue, en spectateur. Il intervient lorsqu'Électre perturbe le déroulement des événements. Il domine les conversations et s'amuse avec ironie des méprises dont les autres sont dupes : à la page 145, il invite Oreste à loger avec lui dans une auberge et lui dit :

> « Et puis un homme de mon âge est quelquefois de bon conseil : je pourrais être votre père, vous me raconterez votre histoire. »

Cette histoire qu'il connaît déjà, c'est lui qui tente de l'écrire – ou de la réécrire – en poussant Oreste à quitter sa ville d'origine. C'est donc en père tyrannique qu'il agit au moment où il se présente comme un soutien pour son compagnon. Il réduit les autres personnages à sa volonté ou à son discours : Électre voit ainsi toute sa personnalité réduite à un jeu de facteurs psychologiques, à la page 230.

Cependant, Jupiter est aussi pendant toute la première moitié de la pièce le substitut du Pédagogue : il sert de valet à Oreste, et il se propose de lui fournir deux juments; Oreste s'adresse à lui en employant le terme de « bonhomme » (p. 168), qui a dans la pièce des connotations négatives (il est employé par Électre à la page 130) : il le congédie comme un valet lorsqu'il désire rester seul avec Électre (p. 168)... Jupiter n'est donc pas le dieu terrible et tout-puissant que semble représenter sa statue barbouillée de sang. Il joue le rôle d'un espion, pour son propre compte et non celui d'Égisthe (ou peut-être d'une manière indirecte) comme le croit le Pédagogue (p. 121). Enfin, à deux reprises, page 203 avec Égisthe et page 234 avec Oreste, il se révèle être « las et voûté », aussi las et vide qu'Égisthe qu'il dit lui-même avoir créé à son image.

Ainsi que le lui dit Oreste, à la page 237, Jupiter s'avère donc être très proche des hommes, non pas parce qu'il s'attache à leur destinée mais parce qu'il est aussi libre et aussi seul, angoissé qu'eux. C'est cela qu'il s'efforce de tenir secret, cette absence de différence entre les hommes et les dieux qui remet tant de choses en cause.

▪ Égisthe et Clytemnestre : « mon royaume pour verser une larme »

D'Égisthe, Jupiter dit qu'il est mélancolique (p. 111). Il se plaint, en effet, à la scène IV du deuxième tableau, du vide qui le ronge. Clytemnestre semble faire preuve, elle aussi, d'une certaine sincérité lorqu'elle évoque le fils qu'elle a perdu, à la page 141. Quelle valeur peut-on alors donner aux regrets dont témoignent ceux qui maintiennent Argos sous le poids de la peur et de la culpabilité ?

C'est Égisthe qui s'écrie : « Ah ! je donnerais mon royaume pour verser une larme » (p. 192). Il renverse ainsi les paroles que prononce Richard III, dans la pièce éponyme de Shakespeare : « Mon royaume pour un cheval ». Richard III représente le parangon de l'homme avide de pouvoir, dont l'ambition ne connaît aucune limite. Désarçonné en pleine bataille, il se désespère ainsi de se voir renversé. Égisthe, quant à lui, fait l'expérience de l'inanité du pouvoir. Son vide est semblable à celui que ressent Oreste, il semble comme lui ne plus éprouver de remords (p. 191), mais il n'est plus capable de dépasser ce néant intérieur : il n'est plus qu'une « grande apparence » (p. 192) et n'existe que pour autrui, piégé par l'image qu'il donne de lui-même. Égisthe n'est plus que le théâtre du pouvoir, un pantin qui n'aspire qu'à mourir.

Clytemnestre, de la même manière, n'est plus que pour autrui : elle n'existe qu'à travers le spectacle qu'elle donne d'elle-même. Sa pratique de la confession publique la conduit à se réifier sous le regard des autres. Mais il n'existe plus alors d'espoir, elle ne trouve chez les autres que sa propre mauvaise conscience : « Ce que je hais en toi, Électre, c'est moi-même » (p. 142).

Quelle que soit donc leur sincérité, elle ne peut compenser l'inauthenticité de ces deux personnages, inauthenticité qui se vérifie par la place qu'ils prennent (ou ne prennent pas) dans le déroulement de l'action : Clytemnestre ne reconnaît pas son fils et meurt, semble-t-il, sans avoir pu lui exprimer directement son regret et réparer son erreur passée; Égisthe n'a pas réellement de rapports avec son meurtrier auquel il n'adresse que quelques paroles et auquel il ne s'oppose pas. Tous deux étaient manipulés par Jupiter : leur place véritable dans le schéma de l'action dramatique est alors secondaire.

*' Orestes discovers his freedom precisely at the moment when he decides to kill Aegisthus + Clytemnestra.

3

THÈMES

liberty = key theme

Jupiter himself admits that men are free but this is the secret of the Gods.

L'enjeu des *Mouches* n'est autre, bien sûr, que la question de la liberté. Sartre prend soin de faire dire à Jupiter lui-même que « le secret douloureux des Dieux et des rois : c'est que les hommes sont libres ». Ce secret, que le roi des dieux dévoile à Égisthe, et qu'Oreste et Électre peuvent surprendre, puisqu'ils sont cachés « derrière le trône », est une révélation pour les spectateurs eux-mêmes et une révélation dont il s'agit de saisir toute la complexité.

En effet, comment pouvons-nous expliquer qu'Oreste découvre sa liberté précisément au moment où il se décide à commettre le meurtre d'Égisthe et de Clytemnestre (p. 179)? Cet acte, qui correspond en quelque sorte à l'accomplissement de son destin, semble être difficilement compatible avec la révélation qui vient de le saisir : « je suis libre ». Il est d'ailleurs facile à Électre de lui objecter ceci : « Peux-tu faire que tout ceci n'ait pas été? Quelque chose est arrivé que nous ne sommes plus libres de défaire » (p. 210). Quel sens alors donner à la liberté que revendique Oreste et qui constitue le cœur même de la pièce?

Pour comprendre le sens qu'Oreste donne à son acte, il convient tout d'abord d'en saisir toutes les modalités concrètes : cet acte s'enracine dans un ensemble de circonstances et de déterminismes dont nous allons analyser les caractéristiques essentielles : la violence, le regard d'autrui et la culpabilité.

1 - UNE TRAGÉDIE BARBARE

Toutes les informations que nous pouvons recueillir concernant la mise en scène de Dullin font état d'un spectacle luxuriant et violent. Le décor très stylisé de la grande scène de l'actuel théâtre de la Ville, les masques de certains acteurs, les cothurnes, les chants, le bruit des bourdonnements et des tam-tams, les danses du Grand Prêtre ou des Érinnyes, tous ces éléments donnent à la pièce une atmosphère peu conforme à la représentation que l'on se faisait alors de l'Antiquité. Les colonnes blanches et l'harmonie disparaissent et Sartre met en évidence des thèmes très certainement plus proches de la véritable tragédie antique : la violence et le sacrifice.

▪ Une religion de l'expiation

Un jeune enfant d'Argos nous est décrit comme « sage comme une image, tout blond et déjà pénétré par le sentiment de sa faute originelle » (p. 115). La faute originelle n'est autre que celle que commirent Adam et Ève et dont, selon la théologie chrétienne, chaque homme hérite à sa naissance. Ici, cette faute d'ordre théologique devient une faute personnelle, comme le montre l'adjectif possessif « sa ». Chacun devient personnellement responsable d'une faute qui est collective.

Tous coupables

Mais si tous sont coupables, alors personne ne l'est réellement. En effet, Jupiter raconte le meurtre d'Agamemnon en insistant sur sa dimension collective. Il ne s'agit plus d'une simple usurpation du pouvoir par un couple adultère, mais d'une véritable mise à mort à laquelle chaque Argien a participé (p. 111). Frustés de ne pouvoir satisfaire leur goût pour la violence, ils ont désiré le spectacle de la chute de leur roi :

> « Agamemnon était bon homme, mais il eut un grand tort, voyez-vous. Il n'avait pas permis que les exécutions capitales eussent lieu en public. C'est dommage. Une bonne pendaison, cela distrait, en province, et cela blase un peu les gens sur la mort. Les gens d'ici n'ont rien dit, parce qu'ils s'ennuyaient et qu'ils voulaient voir une mort violente »
>
> (p. 111).

Cette mort que chacun a désirée – car chacun se réjouit du malheur des grands – et dont tous sont responsables est comme le fondement d'une culpabilité plus générale. Le « jeu des confessions publiques » dont parle Électre (p. 140) est une clef pour comprendre ce point : si chacun se reconnaît coupable de nombreux crimes, alors qui pourra juger, qui pourra condamner ? Dans Argos, on n'avoue ses fautes qu'à la condition de ne pouvoir en être reconnu responsable devant une instance qui représenterait le droit, la justice. C'est ce que montre cette réplique de Clytemnestre :

> « N'importe qui peut me cracher au visage, en m'appelant criminelle et prostituée. Mais personne n'a le droit de juger mes remords »
>
> (p. 141).

Comme Clytemnestre, les Argiens acceptent l'humiliation, mais personne ne doit les juger. Tous sont ainsi figés dans une attitude d'expiation sans châtiment ni rédemption possible, une expiation qui se nourrit continuellement d'abjection : à la page 115, Jupiter renvoie une vieille femme en l'injuriant : « vieille ordure », et Égisthe demande à ses sujets : « Avez-vous perdu la mémoire de votre abjection ? » (p. 155). Un homme, angoissé par l'attente, se jette à genoux et s'écrie : « Je pue ! Je pue ! Je suis une charogne immonde. [...] J'ai péché, j'ai cent mille fois péché, je suis un égout, une fosse d'aisances... » (p. 154). Seule Électre échappe au début de la pièce à ce processus d'autodénonciation illusoire en jetant aux pieds de la statue de Jupiter, qu'elle interpelle en l'appelant « ordure », les déchets du palais (p. 126).

La loi du talion

Les Argiens diluent ainsi leur responsabilité individuelle dans une vaste culpabilité collective et une piété théâtralisée ; ils se fondent en groupes uniformes lors de la cérémonie, et ce sont les catégories les plus générales (femmes, hommes et enfants) qui désignent ces avatars du chœur antique. L'expiation est continuellement mise en scène, ritualisée de manière spectaculaire ; elle se réduit à un formalisme pointilleux destiné à apaiser les remords.

Ce formalisme obéit à une règle stricte qu'Électre énonce elle-même à Oreste :

> « Tu sais ce que je pensais, avant de te connaître ? C'est que le sage ne peut rien souhaiter sur la terre, sinon de rendre un jour le mal qu'on lui a fait »
>
> (p. 170).

Étrange sagesse que celle-ci, dont la règle est « œil pour œil » ! Le bien et le mal étant ainsi considérés comme des objets quantifiables, les fautes sont alors l'objet de calculs et d'évaluations, comme le dit Jupiter lui-même, à la page 115 : « Ça se compte au poids, le repentir. » La métaphore monétaire se poursuit à travers le texte : à la page 198, Jupiter explique à Égisthe la raison pour laquelle il ne l'a pas empêché de commettre son crime :

> « C'est parce que tu l'expies qu'il me sert ; j'aime les crimes qui paient. J'ai aimé le tien parce que c'était un meurtre aveugle et sourd, ignorant de lui-même, antique, plus semblable à un cataclysme qu'à une entreprise humaine. [...] Quel profit j'en ai tiré cependant ! Pour un homme mort, vingt mille autres plongés dans la repentance, voilà le bilan. Je n'ai pas fait un mauvais marché. »

Jupiter, en véritable spéculateur de la conscience humaine, n'a donc de pouvoir sur les hommes que s'ils acceptent de « payer » pour ce qu'ils ont fait. Égisthe applique lui aussi la loi du talion en décrivant les débiteurs de l'usurier Segeste, morts par sa faute, comme autant de créanciers qui viennent réclamer leur dû. Oreste lui-même, qui a compris les règles de cette économie de la culpabilité, se propose alors, à la page 182, de se faire le « voleur de remords » des Argiens.

Le pharisaïsme de ce peuple tient donc au costume noir et aux multiples autres signes de piété : ceci a pour conséquence de déresponsabiliser les individus dont l'intention n'est plus prise en compte. Égisthe voit clair lorsqu'il constate que rien ne distingue plus la mascarade qu'il a inventée à l'intention du peuple d'une véritable culpabilité : les effets en sont semblables, même si la première n'est qu'extérieure. Bien qu'il assure ne ressentir aucun remords, Égisthe n'est plus capable d'échapper aux conséquences du théâtre de sa repentance (pp. 191-192).

▪ Un univers sacrificiel

La scène des lamentations

Argos tente alors de conjurer sa culpabilité en multipliant les rites propitiatoires. Toute la cérémonie de la scène II du second tableau fait entendre le ton solennel du sacré :

> « Vous, les oubliés, les abandonnés, les désenchantés, vous qui traînez au ras de la terre, dans le noir, comme des fumerolles, et qui n'avez plus rien à vous que notre grand dépit, vous les morts, debout, c'est votre fête ! »
>
> (p. 156).

L'invocation, l'emploi d'adjectifs substantivés, ou le rythme ternaire majestueux sont autant de procédés qui caractérisent ce ton : les impératifs se répètent de manière lancinante (« venez ») et produisent un effet de gradation (« montez »/ «répandez-vous »/ «glissez »/ «faites-nous regretter »). Les morts se matérialisent progressivement : d'abord « fumerolles », puis « vapeur de soufre », enfin « brume épaisse », ils s'incarnent en « vampires, larves, spectres, harpies, terreurs de nos nuits », véritable « tourbillon » fondant sur les vivants, désignés comme de « grasses proies vivantes ». Le rythme ample du début de l'invocation s'accélère progressivement, les exclamations s'accumulent et le discours se clôt sur la répétition frénétique de l'injonction : « Debout ! »

Toute la scène vise, de la même manière, à traduire un sentiment de sacré : la foule répète « pitié » comme en un refrain au discours d'Égisthe et des chœurs se forment pour se livrer à un véritable *De Profundis.* Entre le refrain des hommes, les femmes et les hommes chantent les strophes d'une cérémonie de lamentations. Les rythmes ternaires, les répétitions, les chiasmes (« de l'aube à la nuit et de la nuit à l'aube »), les jeux phonétiques (comme l'assonance en [i], page 160, qui fait entendre un faible cri dans la plainte des enfants), renforcent la mise en scène de cette cérémonie où les vivants tentent de se faire pardonner d'être vivants.

Tout l'univers des Argiens semble pétrifié par ce sacré, cet effroi religieux qui conduit à multiplier les conduites de conjuration. Mais sous la solennité oratoire de la cérémonie se cache une réalité beaucoup plus cruelle.

Du bouvier au boucher

Toute la piété des Argiens s'exprime sous la forme d'un vaste réseau métaphorique de la dévoration et du sacrifice : à la page 106, le Pédagogue parle d'Argos comme d'un animal que le soleil grillerait : « J'ai demandé cent fois notre chemin dans cette maudite bourgade qui rissole au soleil. » Jupiter décrit les fautes dont on ne se repent pas comme une « graisse refroidie » qui se fige, et à laquelle il oppose la peur :

> « [...] la peur, la mauvaise conscience ont un fumet délectable pour les narines des Dieux »
>
> (p. 119).

Égisthe en fait lui-même le reproche à Jupiter lorsque celui-ci l'assure vouloir le protéger : « [...] sans doute vous léchiez-vous les lèvres, là-haut, en pensant que l'âme du pécheur est délectable » (p. 197).

La figure du boucher se trouve au centre de ce champ de pulsions sacrificielles : il ne s'agit, au début, que d'un bouvier, poussant à chaque anniversaire de grands cris afin de rappeler à tous le meurtre d'Agamemnon (p. 115). Mais déjà Oreste perçoit dans Argos « une odeur de boucherie » (p. 116) et il se propose, au moment où il décide de commettre son crime, d'être dans cette ville « comme le boucher en tablier rouge [...] entre les bœufs saignants qu'il vient d'écorcher » (p. 182). En effet, c'est l'injure de « boucher » qui lui est le plus souvent appliquée par la suite : pages 221, 223, 245. On peut se demander si Oreste n'a pas fait qu'appliquer la règle énoncée par Électre, après l'échec de sa tentative pour libérer les Argiens de l'influence d'Égisthe :

> « C'est par la violence qu'il faut les guérir, car on ne peut vaincre le mal que par un autre mal »
>
> (p. 171).

La quête du bouc émissaire

C'est bien ainsi en effet que tous semblent, à tort, le comprendre. Toute la ville est enfermée dans la logique implacable du bouc émissaire : trouver une victime qui, rendue responsable de tous les crimes, permettra à la collectivité de se décharger de sa propre violence et ainsi de se ressouder. Nous en avons le meilleur exemple juste après la danse d'Électre, à la scène III du premier tableau : la foule est peu à peu gagnée par le discours de paix et de joie d'Électre, des voix accusent déjà Égisthe d'avoir menti, lorsque Jupiter fait rouler avec fracas la pierre qui bouchait l'entrée de la caverne. Chacun s'emploie alors à détourner la faute générale sur une seule victime, chargée de tous les maux :

> « Nous n'avons rien fait, ça n'est pas notre faute, elle est venue, elle nous a séduits par ses paroles empoisonnées ! À la rivière, la sorcière, à la rivière ! Au bûcher ! »
>
> (pp. 166-167).

Déjà, le meurtre d'Égisthe avait été vécu comme le sacrifice collectif du bouc émissaire : Clytemnestre raconte ainsi son crime :

> « Je te le dis sans fard ! ce n'est pas la mort du vieux bouc que je regrette ! Quand je l'ai vu saigner dans sa baignoire, j'ai chanté de joie, j'ai dansé »
>
> (p. 141).

Et Jupiter avait auparavant décrit de cette manière l'attitude du peuple d'Argos, guettant le meurtre de son roi :

> « À ce moment-là il aurait suffi d'un mot, d'un seul mot, mais ils se sont tus, et chacun d'eux avait, dans sa tête, l'image d'un grand cadavre à la face éclatée »
>
> (p. 112).

C'est encore l'image du sacrifice que retrouve Électre au moment où elle attend seule dans la salle du trône qu'Oreste tue leur mère dans sa chambre : « Elle va crier comme une bête » (p. 207). Enfin, Oreste lui-même devient un véritable bouc émissaire à la fin de la pièce. Mais, contrairement aux autres personnages, il est conscient de ce processus par lequel un seul se charge des crimes de tous (p. 182) et il parvient à en pervertir la logique, au moment même où il va être sacrifié : son acte marque le jour de son couronnement (p. 245), mais pour une royauté « sans terre et sans sujets ». Roi en exil volontaire, il devient comme intouchable et prend sur lui toutes les fautes, sans en perpétuer cependant la violence.

■ L'Éros et la mort

Comment expliquer alors le poids de la culpabilité qui pèse sur Argos et favorise ainsi la violence et le goût pour le sacrifice ? Il serait, en effet, dangereux de nier l'importance de ces phénomènes, comme le fait Jupiter lui-même en justifiant les rêves de meurtre d'Électre :

> « À ton âge, les enfants jouent encore à la poupée ou à la marelle ; et toi, pauvre petite, sans jouets ni compagnes, tu as joué au meurtre, parce que c'est un jeu qu'on peut jouer toute seule »
>
> (p. 230).

S'il ne s'agissait que d'un jeu, alors l'accomplissement du meurtre n'est donc plus qu'une erreur, un passage à l'acte sans proportion avec les intentions réelles de celle qui l'a commis. Au contraire, Oreste, qui se distinguait par sa douceur, est le seul à donner une véritable signification à la violence dont il se reconnaît le responsable. En ne cherchant pas à la nier, il en limite ainsi les effets.

La violence de l'érotisme

Cette violence trouve son origine dans les liens constants qui se tissent entre les pulsions sexuelles et les pulsions de mort, entre Éros et Thanatos. Lors du meurtre d'Agamemnon, la mise à mort prend la forme d'un acte sexuel collectif où désir et agressivité se confondent indissolublement :

> « Quant aux gens d'Argos, le lendemain, quand ils ont entendu leur roi hurler de douleur dans le palais, ils n'ont rien dit encore, ils ont baissé leurs paupières sur leurs yeux retournés de volupté, et la ville tout entière était comme une femme en rut »
>
> (p. 112).

Ce sont ces noces barbares que Jupiter fait raconter à la vieille femme vêtue de noir, afin de montrer le plaisir ambigu pris à cet événement spectaculaire : « Tu as entrouvert ta fenêtre pour mieux entendre, et tu t'es mise aux aguets, le souffle coupé, avec une drôle de chatouille au creux des reins » (p. 114).

Auparavant, Jupiter avait déjà mis en évidence un voyeurisme omniprésent : l'arrivée d'Agamemnon, page 111, est suivie par tous les habitants d'Argos. Sous la langueur de cette scène – « nous avons longuement regardé le cortège royal qui cheminait dans la plaine » –, une violence latente perce : les visages d'Égisthe et de Clytemnestre sont « rougis par le soleil couchant ». Aucune parole n'est échangée, pas un mot n'est prononcé. Au langage se substitue le regard – « ils voulaient voir une mort violente » –, le public est là pour assister à une représentation où tout son goût pour le sang et la souffrance va pouvoir être satisfait.

Les liens entre Éros et Thanatos se tissent tout le long de la pièce : tous les rêves d'Électre à propos du couple royal tournent autour de telles mises à mort (p. 170). À la page 184, elle imagine les visages de ses deux ennemis « pareils aux mûres écrasées », employant ainsi une image proche de celle à laquelle Jupiter avait eu recours, à la page 112 : « l'image d'un grand cadavre à la face éclatée ». Oreste, lui aussi, éprouve ce goût pour l'érotisme destructeur lorsqu'il prend sa décision, page 181 : la ville lui apparaît « rouge ». Elle devient une femme qu'il viole, dont il ouvre le ventre et dans laquelle il s'enfonce « comme la cognée dans le cœur d'un chêne ». Ce sont ces même images que nous retrouvons, enfin, dans les paroles des Érinnyes :

> « Viens ! Viens ! Tu n'as que deux marches à descendre, nous te recevrons dans nos bras, nos baisers déchireront ta chair fragile, et ce sera l'oubli au grand feu pur de la douleur »
>
> (p. 224).

Le sadisme des Érinnyes confond l'acte sexuel et l'expérience de la douleur en une même sensation de perte de contrôle, de perte de soi-même. Cet « amour cannibale » est une parfaite illustration des ambiguïtés de l'amour qu'éprouvait Électre à l'égard de sa mère et qu'elle reporte sur Oreste : haine et désir, dévoration et rejet y sont inextricables.

La confusion entre Éros et Thanatos a donc pour effet de contraindre les Argiens à étouffer sous le remords : la culpabilité suscitée par le désir sexuel s'est inversée en une tendance autopunitive destructrice dont ils sont les victimes consentantes.

Un univers de l'oxymore

Les rapports qu'entretiennent les personnages entre eux sont alors gouvernés par de telles tensions qu'ils s'expriment parfois sous la forme d'un oxymore, c'est-à-dire d'une alliance établissant un rapport de contradiction entre deux termes. L'oxymore est à la fois unité et contradiction : c'est le cas de la « nuit d'amour » des Argiens lors du meurtre d'Agamemnon. La vieille femme s'exclame à ce souvenir : « Ah ! Seigneur, c'était… une horrible fête. » La transgression s'exprime ici sous la forme de ce mélange de plaisir et de frayeur.

Une Argienne s'écrie, lors de la cérémonie de la fête des morts :

> « Il va venir avec sa gorge ouverte, l'homme que j'ai tant haï, il m'enfermera dans ses bras invisibles et gluants, il sera mon amant toute la nuit, toute la nuit »
>
> (p. 153).

L'amour devient torture pour cette femme adultère et le baiser de son mari décédé est comme une menace de dévoration, ce qui constitue peut-être la meilleure image de la jalousie. Égisthe le montre clairement lorsqu'il annonce la présence des morts. Il déclare à la femme adultère : « Il est là, contre toi, il t'embrasse. Comme il te serre, comme il t'aime, comme il te hait. »

Un même jeu d'antithèses se retrouve dans le discours d'Électre qui témoigne, bien avant l'accomplissement du double meurtre, d'une certaine indécision. Évoquant le frère qu'elle attend, celui qui viendra la venger en tuant ses ennemis, elle déclare : « Il me fait peur : toutes les nuits je le vois en songe et je m'éveille en hurlant. Mais je l'attends et je l'aime » (p. 172). C'est bien d'un cauchemar qu'elle se réveille à la première scène de l'acte III. La peur et la haine dominent alors à l'égard de celui sur lequel elle avait projeté tous ses rêves de vengeance.

Le besoin d'exorcisme

Ces forces d'autodestruction ont pour source un « ennui » qu'évoquent plusieurs personnages, « l'ennui si quotidien du bonheur » (p. 119). Cet ennui conduit Oreste à s'écrier « je me soucie bien du bonheur » (p. 176), lorsqu'Électre lui conseille de partir dans une ville heureuse. Comment expliquer le fait qu'Oreste ne soit pas satisfait de sa condition, alors qu'il a reçu lors de sa jeunesse dorée une excellente éducation ? Qu'est-ce qui empêche, de même, Égisthe de jouir du pouvoir, lui qui se dit « plus mort qu'Agamemnon » (p. 192) ?

Une force puissante détruit la saveur de toute existence tranquille et les hommes ne semblent rien craindre plus que les « digestions tranquilles, la paix morose des provinces et l'ennui » (p. 119). Cette force, c'est la conscience du Néant en soi :

> « Ai-je dit que j'étais triste ? J'ai menti. Il n'est ni triste, ni gai, le désert, l'innombrable néant des sables sous le néant lucide du ciel : il est sinistre »
>
> (p. 192).

Le néant qu'éprouve Égisthe, cette impression de n'être qu'une « coque vide », Oreste le connaît aussi, il est cette peur que nous avons tous de la mort. Jupiter sait que cette peur, cette odeur de décomposition dont les Argiens ont les narines remplies (p. 153), est l'ultime ressort de toutes les conduites de piété, et la véritable origine du besoin de violence dont font preuve les hommes.

Les mouches qui tournent autour des personnages en sont le symbole : une odeur de charogne se dégage d'eux (pp. 109, 154). Électre, lorsqu'elle décrit le couple royal, à la page 170, voit le cadavre sous la chair. Jupiter, enfin, avoue à Égisthe que la première erreur, celle qui est à l'origine de toute cette série infinie de crimes et de culpabilité, c'est lui qui l'a commise « en créant les hommes mortels » (p. 198).

L'homme souffre de sa condition d'être-pour-la-mort : c'est peut-être là la raison fondamentale de la peur qui gouverne le comportement des Argiens. Et c'est cette même peur, qui n'avait plus rien d'abstrait, qu'ont ressentie les Français pendant l'Occupation.

2 - SOUS LE REGARD D'AUTRUI

Pour résoudre la question de l'enjeu que représente la question de la liberté dans la pièce, il nous faut à présent évoquer l'une des conditions essentielles de la situation à laquelle Oreste, comme les autres personnages, est confronté : le regard.

▪ Oreste l'étranger

L'hospitalité représente un devoir fondamental dans l'Antiquité. Cependant, Oreste se trouve en butte à toute une série de rejets violents, et cela dès la première scène dans laquelle des femmes s'enfuient à son approche. Jupiter-Démétrios lui aussi lui conseille de quitter la ville (p. 118) et si Électre (p. 128) et Clytemnestre (p. 139) lui souhaitent la bienvenue, c'est ensuite pour le prier de partir : pages 144, et 171-172. Quoi qu'il fasse, Oreste restera donc un étranger dans Argos ainsi que le lui dit Électre :

> « Demeurerais-tu parmi nous, tu ne seras jamais qu'un étranger, plus seul que sur une grande route »
>
> (pp. 177-178).

Lui qui souffre de n'être qu'un « passant » (p. 106) dans la ville qui l'a vu naître, il ne pourra être considéré autrement et sera amené à prendre toute la mesure de cette situation qui est la sienne. Ce point est essentiel pour comprendre l'évolution d'Oreste et son exigence de liberté.

■ Le champ des regards

Nous portons tous continuellement nos regards les uns sur les autres, et Sartre montre parfaitement toutes les conséquences de l'existence de ce champ visuel dans lequel nous sommes plongés, et que nous imposons nous-mêmes aux autres.

Le regard est tout d'abord l'expression la plus visible d'une humeur, d'un état d'âme ou d'une personnalité. Ainsi, Clytemnestre se caractérise par ses « yeux morts » (p. 136), semblables aux « yeux caves » (p. 152) des Argiens, écrasés par les remords, alors qu'Électre a des « yeux pleins de feu » (p. 136), comme les yeux brillants d'Oreste (p. 173). Cependant, les yeux d'Oreste ne brillent plus après sa terrible décision (p. 181) et ceux d'Électre sont « morts », comme les yeux de sa mère, après le meurtre de celle-ci (p. 220). Le regard est donc en quelque sorte un miroir de l'âme, il trahit les pensées et reflète le plus profond de la conscience. L'idiot qui se trouve dans la première scène de l'acte I symbolise ainsi l'abrutissement dans lequel tombent les Argiens. Le Pédagogue désigne son œil d'où sort « un suint blanc qui ressemble à du lait caillé » (p. 109), signe du vide semblable à celui qu'évoque Électre lorsqu'elle déclare devant la statue de Jupiter qu'elle est en « bois blanc » (p. 127), couleur neutre alors que la face de cette statue est « barbouillée de sang » afin de faire croire à un dieu cruel et vengeur. Oreste, quant à lui, n'a « pas des yeux modestes » mais « affamés » (p. 170).

Il s'agit là d'un niveau supérieur : le regard s'impose aussi aux autres. Ainsi, Électre juge avoir été trompée par Oreste, par ses « yeux affamés dans [un] doux visage de fille » (p. 170). Jupiter ne cesse de tenter de s'imposer aux autres personnages par son regard : à la page 119, Oreste et Jupiter « s'affrontent du regard », et le second réussit à dominer le jeune homme. De la même manière, il parvient à s'imposer lorsqu'Oreste tente d'interrompre la cérémonie de la fête des morts :

> « Regarde-moi, jeune homme, regarde-moi en face, là ! là ! Tu as compris. Silence à présent »
>
> (p. 157).

Jupiter hypnotise en quelque sorte le jeune homme, comme il le fait pour Égisthe qu'il prétend dompter comme un cheval (p. 196 et p. 200).

Enfin, le regard peut devenir une instance morale qui juge et condamne. Il est alors l'expression concrète de la culpabilité qui ronge les personnages, comme les habitants d'Argos, livrés aux « regards de ces millions d'yeux fixes et sans espoir », les morts qui reviennent les tourmenter (p. 159), les gardes et Égisthe lui-même qui sentent peser sur eux le regard du fantôme d'Agamemnon (p. 189, p. 191), ou encore Électre qui ne peut supporter le regard d'Égisthe mort (p. 207) et, après la mort de sa mère, voit dans une sorte d'hallucination les « millions d'yeux » des mouches qui la regardent (p. 211). Le regard est alors un jugement moral intériorisé par les personnages qui sont destinés à se condamner eux-mêmes, puisqu'ils ne peuvent, comme Caïn, échapper à ces yeux qui les observent au plus profond de leur conscience.

▪ L'imaginaire sartrien

Cette prééminence accordée au regard a pour conséquence de faire du visuel un carrefour de l'ensemble du texte. Une fois de plus, l'imagination se révèle être un vecteur de représentation naturel pour le théâtre puisqu'elle permet de multiplier les possibles et d'ouvrir une seconde scène qui se superpose à la scène concrète qui s'offre aux yeux des spectateurs. Ainsi, Oreste arrive dans Argos en parfait étranger. Il tente alors de recréer imaginairement le passé qu'il n'a pas vécu dans la ville où il est né, et cela afin de combler la « superbe absence » qu'il ressent en lui-même :

> « J'aurais vécu là. Je n'aurais lu aucun de tes livres, et peut-être je n'aurais pas su lire : il est rare qu'un prince sache lire »
>
> (p. 124).

À ce passé imaginaire, Électre opposera par la suite son propre récit fictif, mais très ironique, de l'enfance du petit Oreste, qui prenait le monde pour un « bon bain tiède » où il était agréable de se glisser (p. 175). L'amertume de cette image se fait sentir si l'on se souvient qu'Agamemnon, son père, a été assassiné dans son bain (p. 141). Par la suite, les dialogues fictifs, introduits par un conditionnel, se multiplient comme si les personnages préféraient s'affronter en passant par le détour d'hypothèses : il en est ainsi de Jupiter-Démétrios et d'Oreste-Philèbe, ou même d'Électre et de son frère :

> « Suppose qu'un gars de Corinthe, un de ces gars qui rient le soir avec les filles, trouve, au retour d'un voyage, son père assassiné, sa mère dans le lit du meurtrier et sa sœur en esclavage, est-ce qu'il filerait doux, le gars de Corinthe, est-ce qu'il s'en irait à reculons, en faisant des révérences, chercher des consolations auprès de ses amies ? ou bien est-ce qu'il sortirait son épée et est-ce qu'il cognerait sur l'assassin jusqu'à lui faire éclater la tête ? »
>
> (p. 135).

L'acte d'Oreste existe donc d'abord comme une hypothèse, pour lui-même autant que pour Électre, puisque celle-ci n'évoque l'existence de son frère que sur le ton d'une espérance messianique (« Mais il viendra, celui que j'attends... », p. 127). Elle est donc tout à fait déroutée lorsque Philèbe lui révèle sa véritable identité : « Ah ! j'aurais préféré que tu restes Philèbe et que mon frère fût mort. [...] j'attendais l'autre» (p. 173-174). Il est tentant de ne donner aux actions qu'une réalité virtuelle, car la peur de s'engager est grande.

Mais une fois l'acte accompli, il est encore possible de ne pas réellement l'affronter et de ne l'envisager que sur le mode de l'imagination : il s'agit de la scène d'hallucination collective au cours de laquelle Égisthe et le Grand Prêtre parviennent à faire croire au retour des morts. Il suffit à Égisthe de dire : « Ils sont là » (p. 157) ; l'emploi du déictique « là » et le fait d'interpeller chaque habitant et d'énumérer ses fautes emplissent soudain l'air de ces présences invisibles. L'imaginaire se révèle être alors un instrument de coercition plus puissant que toutes les polices, puisque chaque conscience devient sa propre délatrice dans cette grande scène de confession publique.

■ Un univers de rapports spéculaires

Mais en réalité, les yeux ne permettent pas seulement de voir. Leur particularité tient plutôt au fait qu'ils deviennent à leur tour un miroir et que chaque personnage peut se voir lui-même dans le regard des autres. Oreste déclare à Électre, déjà rongée par le remords : « Quand je vois mon crime dans ces yeux-là, il me fait horreur » (p. 220). Il s'agit des yeux morts de Clytemnestre qu'il reconnaît dans le regard de sa sœur. Ce qui attire le regard, le spectaculaire, s'inverse donc en un reflet spéculaire, c'est-à-dire un piège où se prend le personnage qui observe.

Je est un autre

Le jeu des regards conduit les personnages à se conformer à l'image qu'ils croient capter d'eux-mêmes dans le miroir que leur présentent les yeux des autres. C'est ce que montre Égisthe, désabusé du pouvoir qu'il exerce sur les hommes, lorsqu'il prend conscience de n'être que l'esclave de l'image qu'il cherche à imposer à autrui :

> « Depuis que je règne, tous mes actes et toutes mes paroles visent à composer mon image ; je veux que chacun de mes sujets la porte en lui et qu'il sente, jusque dans la solitude, mon regard sévère peser sur ses pensées les plus secrètes. Mais c'est moi qui suis ma première victime : je ne me vois plus que comme ils me voient... »
>
> (p. 201).

En cherchant à se conformer à une certaine image, Égisthe s'est vidé de toute substance pour n'être plus que cette seule image. Ceci le conduit alors, à la scène III, deuxième tableau de l'acte II (p. 191), à croire aux fables qu'il a lui-même inventées pour asservir son peuple et à s'effrayer de la présence d'Agamemnon. L'œil d'autrui devient un miroir et c'est par cette médiation spéculaire qu'il prend conscience de l'aliénation sur laquelle se fonde son identité : « qui suis-je, sinon la peur que les autres ont de moi ? » Égisthe n'est en quelque sorte que ce qu'il voulait paraître être et ses « vêtements noirs ont fini par déteindre sur [son] âme » (p. 191). Relèvent donc du spéculaire tous les phénomènes de miroir, où celui qui observe et croit pouvoir maîtriser l'objet qu'il met à distance par son regard ne fait que se prendre au piège du miroir que lui tend le regard, mais aussi comme nous allons le voir, le discours ou l'identité d'autrui.

Les répliques

En effet, les échanges de répliques révèlent très souvent l'importance des rapports spéculaires que les personnages entretiennent les uns avec les autres. Prenons la scène IV du premier acte. Oreste vient de rencontrer Électre à qui il s'est présenté par ces mots : « Je m'appelle Philèbe et je viens de Corinthe » (p. 128), et qui a semblé retenir avant tout la référence à la ville de Corinthe. Électre demande alors à Oreste : « Pourquoi me regardes-tu ainsi ? » et celui-ci lui répond « Tu es belle ». Le rapport spéculaire mis en place va, dans cette scène, se dérouler selon un jeu précis de questions/réponses ou fausses questions/fausses réponses.

Oreste amène, en effet, sa sœur à avouer la jalousie qu'elle nourrit envers sa mère dont les mains sont « très blanches, des mains de reine qui sentent le miel » (p. 131), alors qu'elle-même n'a que des mains de servante. Mais la petite Cendrillon, jalouse de sa mère ravalée au rang de marâtre, s'avère être une coquette puisqu'elle ne peut s'empêcher de demander, en montrant ses mains : « Quels drôles d'yeux tu fais. Est-ce qu'elles auraient l'air, par hasard, de mains de princesse ? » Le hasard fait mal les choses et Oreste ne se révèle pas être le prince charmant. Cependant, le charme n'est pas rompu et Électre confie qu'elle attend « quelque chose ». Elle se met à interroger elle-même Oreste. Devant la sécheresse des réponses de son interlocuteur, elle est conduite à poser des questions qui contiennent en creux ce qu'elle désire entendre :

> « – Ça me semblerait drôle, à moi, d'être fière de ma ville natale. Explique-moi…
> – Eh bien… Je ne sais pas. Je ne peux pas t'expliquer.
> – Tu ne *peux* pas ? C'est vrai qu'il y a des places ombragées à Corinthe ? Des places où l'on se promène le soir ?
> – C'est vrai.

> – Et tout le monde est dehors ? Tout le monde se promène ?
> – Tout le monde.
> – Les garçons avec les filles ?
> – Les garçons avec les filles »
>
> (p. 133).

Sur le mensonge d'Oreste, Électre est libre de projeter tout ce dont elle rêve, sans s'apercevoir que celui-ci ne fait que lui répondre en écho. La réduplication d'une réplique sur l'autre illustre parfaitement le caractère spéculaire du rapport qui se noue à ce moment.

Le même type de rapport s'esquisse entre Oreste et Clytemnestre page 140, mais aussi entre Jupiter et Électre, à la page 229, lorsque celui-ci cherche à lui faire renier son crime et lui affirme pouvoir lire dans son cœur. Les répliques d'Électre à la casuistique jésuite de Jupiter sont parfaitement explicites :

> « Et tu lis dans le mien que je n'ai pas voulu de crime ? Quand j'ai rêvé quinze ans de meurtre et de vengeance ? [...]
> – Ah ! mon Dieu, mon Dieu chéri, comme je souhaite que tu ne te trompes pas ! [...]
> – Hélas ! Hélas ! Je t'écoute et je vois clair en moi »
>
> (pp. 229-230).

Les personnages

L'enjeu de ces rapports de spécularité est donc essentiel : chaque personnage peut être pris à ce phénomène trompeur de miroir. Jupiter s'avère en maîtriser toutes les règles ainsi qu'il le confie à Égisthe :

> « Depuis cent mille ans je danse devant les hommes. Une lente et sombre danse. Il faut qu'ils me regardent : tant qu'ils ont les yeux fixés sur moi, ils oublient de regarder en eux-mêmes. Si je m'oubliais un seul instant, si je laissais leur regard se détourner... »
>
> (p. 201).

Ainsi, les talents de magicien de Jupiter doivent être pris tout à fait au sérieux. Ils annoncent ce que Jupiter révèle à ce moment : c'est en hypnotisant les hommes qu'il parvient à les asservir à un rapport spéculaire par lequel ceux-ci se conforment à l'image qu'ils ont de leur dieu, cette statue aux « yeux blancs » et à la « face barbouillée de sang » (p. 104), que Jupiter lui-même semble ne pas reconnaître lorsqu'il la découvre, page 193.

Cette danse par laquelle Jupiter hypnotise les hommes constitue un motif récurrent dans la pièce : c'est par une danse que le Grand Prêtre parvient à faire croire à la présence invisible des morts venus se venger (p. 157). C'est aussi en dansant qu'Électre s'efforce de communiquer aux Argiens le goût de vivre (p. 165), ce qu'elle semble en partie réussir :

> « Elle danse, elle sourit, elle est heureuse, et les morts semblent la protéger. Ah ! trop enviable Électre ! vois, moi aussi, j'écarte les bras et j'offre ma gorge au soleil » (p. 166).

La danse d'Électre produit chez la jeune femme un effet de mimétisme symétriquement inverse à celui par lequel Jupiter ou Égisthe parviennent à entretenir la peur des habitants d'Argos. Enfin, les Érinnyes s'efforcent, elles aussi, de fasciner leurs victimes en dansant devant elles et en renvoyant à Électre l'image de l'amour maternel cannibale qui pourra apaiser sa culpabilité en satisfaisant son besoin d'autopunition (p. 224).

Ainsi, ces rapports de fascination réciproque amènent les personnages à devenir réellement le miroir les uns des autres, comme c'est le cas de Clytemnestre qui déclare à sa fille : « Ce que je hais en toi, Électre, c'est moi-même » (p. 142), d'Électre qui après le meurtre de Clytemnestre finit par lui ressembler (comme cela avait été prévu page 138), ou encore d'Égisthe qui, ainsi que le dit Jupiter à la page 200, est créé à l'image du roi des dieux.

Seul Oreste échappe à tout rapport spéculaire et, si à la fin de la pièce, il joue le rôle d'un joueur de flûte, ce n'est pas pour hypnotiser les habitants d'Argos et s'imposer à leur volonté, ainsi que tentent de le faire les autres personnages, mais pour s'escamoter en emportant les rats qui rongent leur existence.

3 - COMMENT FUIR ? : LE CHOIX DE LA MAUVAISE FOI

Quelles sont alors les conséquences de tels rapports spéculaires ? Quels choix sont-ils amenés à faire pour expier la mort du grand roi Agamemnon ? On peut remarquer qu'Oreste arrive dans Argos en simple voyageur, et qu'il cherche à fuir cette ville jusqu'à la scène IV, premier tableau de l'acte II. À la fin de la pièce, il quitte enfin la ville en proscrit. Et cependant, Oreste est le seul à ne pas « fuir », c'est-à-dire à réellement assumer l'acte qu'il commet. Tous les autres personnages se révèlent préférer une attitude proche des « conduites de mauvaise foi » que Sartre a décrites dans *L'Être et le Néant* et dont nous allons analyser les caractéristiques.

■ Du remords à la repentance

Le remords pousse en effet les Argiens à se fuir eux-mêmes en prétendant être entièrement déterminés par la culpabilité d'une faute passée. Or, ce faisant, ils agissent comme s'ils n'étaient que cette faute, comme s'ils se constituaient en une chose au détriment de toute autre possibilité. Ils abdiquent donc leur liberté en réduisant leur conduite présente à n'être que l'expiation d'un acte passé et se cachent toute perspective d'avenir, ce qui est en réalité une manière de se décharger de toute responsabilité.

Ce point est extrêmement important et quelque peu complexe. Deux concepts sont essentiels pour comprendre la description que Sartre donne de l'existence humaine : la **transcendance** (nous sommes libres, capables de nous projeter continuellement dans l'avenir et de nous dépasser) et la **facticité** (nous sommes pour autrui comme un objet qu'il observe et qui est réductible à un ensemble de déterminismes, un corps, un passé, un caractère, une position sociale. . .). Or les Argiens font preuve de mauvaise foi : ils veulent se réduire à leur faute par peur de reconnaître qu'ils sont libres et responsables d'eux-mêmes. Ils se réifient par peur de cette autre part de leur existence : la transcendance.

Il ne s'agit donc pas pour Sartre de montrer que les Argiens ont tort de se repentir de leur complicité dans le meurtre d'Agamemnon, puisqu'Oreste lui aussi n'échappe pas à la torture des Érinnyes qui symbolisent la souffrance que provoque le remords. Cependant, les Argiens ne se contentent pas de regretter leur acte, ils enferment toute leur existence dans le carcan de cette culpabilité et s'asservissent à la peur. Ils se réduisent à un état de facticité proche du cabotinage, ainsi que le montre Électre à propos de sa mère, ou ce commerçant se traînant « aux jours fériés » (Sartre ironise ici sur cette piété aux intérêts bien compris) en criant publiquement ses fautes (p. 140). Ils choisissent de se chosifier sous le regard culpabilisateur des dieux, font comme s'ils ne pouvaient faire autrement qu'expier leurs fautes, mais se réservent le droit de se retourner contre Égisthe lorsqu'Électre leur promet le bonheur (p. 166).

Quel intérêt pourtant à de telles conduites ? La confession de Clytemnestre nous permet de le comprendre :

> « Un jour, tu traîneras après toi un crime irréparable. À chaque pas tu croiras t'en éloigner, et pourtant il sera toujours aussi difficile à traîner. Tu te retourneras et tu le verras derrière toi, hors d'atteinte, sombre et pur comme un cristal noir. [...] Et tu sauras enfin que tu as engagé ta vie sur un seul coup de dés, une fois pour toutes, et que tu n'as plus rien à faire qu'à haler ton crime jusqu'à la mort. Telle est la loi, juste et injuste, du repentir »
>
> (p. 142).

Quel orgueil dans l'évocation de ce crime qui a la pureté d'un cristal noir ! C'est que le remords permet à Clytemnestre de se vivre comme une légende, celle qu'elle s'apprêtait à raconter à Oreste avant qu'Électre ne l'interrompe (p. 140). Elle se libère ainsi de l'obligation de décider de sa conduite présente et future (c'est ce qu'exprime l'image de la vie engagée sur un coup de dés, « une fois pour toute », comme si l'existence n'était qu'un jeu de hasard et qu'elle n'en était plus elle-même responsable) et peut continuer de vivre avec Égisthe, puisque la culpabilité qu'elle affiche lui tient lieu d'expiation.

C'est ce figement, cette chosification de l'existence qui constitue la mauvaise foi, puisque la vie s'est arrêtée pour les seuls morts, ainsi que le dit Égisthe lors de la cérémonie :

> « Ne savez-vous pas que les morts n'ont jamais de pitié ? Leurs griefs sont ineffaçables, parce que leur compte s'est arrêté pour toujours »
>
> (p. 158).

Or, tous les Argiens agissent comme les morts, leur existence s'arrête à la faute qu'ils ont commise et ils ne cessent de demander pardon de vivre (p. 159). Le remords, qui n'est que le souvenir douloureux d'un acte passé, s'est transformé chez eux en repentance, c'est-à-dire en une véritable manière de vivre tout entière déterminée par une contrition théâtralisée. Clytemnestre a ainsi recours à une expression tout à fait parlante, à la page 139 : « Si j'ai gagné quelque chose à me perdre... » La locution « se perdre », qui fait référence d'ordinaire à une chute morale, doit s'entendre ici comme un abandon de soi-même, une véritable démission.

Mais c'est avec Électre que se manifeste de manière la plus évidente le processus de culpabilisation. La mère haïe dont elle avait rêvé la mort revient la hanter par l'intermédiaire des Érinnyes qui représentent une forme de maternité torturante et régressive : à la page 216, une Érinnye évoque le lait qui monte dans son sein, puis une seconde parle des « douceurs maternelles » qu'elle saura prodiguer. Enfin, elles tentent de la convaincre par une danse lente qui évoque le bercement d'un enfant :

> « N'est-ce pas, petite poupée, nous te faisons moins peur que lui ? Tu as besoin de nous, Électre, tu es notre enfant. Tu as besoin de nos ongles pour fouiller ta chair, tu as besoin de nos dents pour mordre ta poitrine, tu as besoin de notre amour cannibale pour te détourner de la haine que tu te portes... »
>
> (p. 224).

La fonction des Érinnyes est donc bien de transformer l'objet de la culpabilité en une source de torture qui doit apaiser le remords, et qui provoquera alors « l'oubli », l'abrutissement que symbolisait l'idiot, rencontré lors de la première scène. Et alors qu'Électre détestait cette mère plus belle qu'elle, elle se voit réduite à être traitée par Jupiter de « toute petite fille »

(p. 230). La culpabilité la fait alors régresser jusqu'à supplier Jupiter de l'accepter comme son « esclave » et sa « chose » (p. 241). Le mot de « chose », dans ces circonstances, ne peut être innocent chez Sartre, il montre qu'Électre préfère se fuir dans la repentance.

■ Être le bourreau de soi-même

Un tel choix conduit les Argiens à devenir les bourreaux d'eux-mêmes. En effet, ils font, en toute liberté, le choix d'abdiquer leur liberté pour se figer dans la contrition. C'est Électre elle-même qui le rappelle la première :

> « Il fait beau. Partout, dans la plaine, des hommes lèvent la tête et disent : "Il fait beau", et ils sont contents. Ô bourreaux de vous-mêmes, avez-vous oublié cet humble contentement du paysan qui marche sur sa terre et qui dit : "Il fait beau" ? »
>
> (p. 164).

Comme le personnage de la comédie de Térence dont Baudelaire a repris le titre dans un poème célèbre, chaque Argien est un « héautontimorouménos », c'est-à-dire « le bourreau de soi-même ». Cette figure revient souvent dans le texte, notamment dans le discours d'Égisthe :

> « C'est Oreste qui vous est cher. Vous avez toléré que je me perde [...] Mais aujourd'hui, vous protégez Oreste contre lui-même »
>
> (p. 197).

> « Mais c'est moi qui suis ma première victime »
>
> (p. 201).

ou de Jupiter, à qui Égisthe demande : « Mais qui nous a condamnés ? » :

> « Personne que nous-mêmes »
>
> (p. 202).

Électre, elle aussi, prend comme modèle de la fatalité cette figure tragique de l'héautontimorouménos, ainsi qu'elle le montre lorsqu'elle évoque le destin qu'elle imagine pour son frère :

> « C'est quelque grand soldat [...], il s'est embrouillé dans sa destinée comme les chevaux éventrés s'embrouillent les pattes dans leurs intestins ; et maintenant, quelque mouvement qu'il fasse, il faut qu'il s'arrache les entrailles. Il viendra, cette ville l'attire, j'en suis sûre, parce que c'est ici qu'il peut faire le plus grand mal, qu'il peut se faire le plus grand mal »
>
> (p. 172).

En répétant la dernière proposition à la forme pronominale, Électre montre parfaitement qu'elle envisage le mal comme une sorte d'automutilation.

Cette figure de l'héautontimorouménos est extrêmement trompeuse. Elle peut conduire à penser que les personnages se reconnaissent responsables des fautes qu'ils ont commises, alors qu'ils ne le font, et c'est là l'essentiel, qu'afin de ne plus avoir à décider de ce qu'ils feront. Le passé leur est un alibi pour leur conduite de mauvaise foi présente et à venir. En faisant de leur passé un poids, une chose qu'ils traînent, ils refusent en quelque sorte de choisir à nouveau, dans le moment présent, leur attitude.

À l'opposé, Oreste est le seul à concevoir d'une manière non tragique et démystificatrice cette souffrance dans laquelle les personnages s'enferment eux-mêmes. À la page 227, il répond à Jupiter qui prétend qu'il n'aime pas sa sœur puisqu'il déclare ne pas regretter l'état dans lequel est tombée Électre :

> « Je l'aime plus que moi-même. Mais ses souffrances viennent d'elle, c'est elle seule qui peut s'en délivrer : elle est libre. »

Alors que les autres personnages ne voient qu'une malédiction, Oreste, lui, sait que chacun ne dépend que de lui-même. Si elle est à l'origine de ses souffrances, Électre a tort de supplier ainsi Jupiter de la protéger contre elle-même (p. 241) puisqu'elle seule peut, de la même manière, s'en libérer. Électre choisit donc, en agissant de cette manière, de s'aliéner volontairement.

4 - LA LIBERTÉ SARTRIENNE : « JE NE PUIS ÊTRE SANS ME CHOISIR »

Il faut donc, à présent, considérer l'enjeu que représente la liberté dans *Les Mouches*. Or, la question se révèle être complexe, car il existe plusieurs sortes de libertés. Il importe de distinguer avant tout dans le texte de Sartre les approximations dont peuvent être victimes les personnages, pour enfin évaluer à sa juste mesure la découverte qui bouleverse l'existence d'Oreste.

■ La belle âme

En effet, Oreste nous est présenté dès le début de la pièce comme un personnage libre. C'est le Pédagogue qui se targue de lui avoir donné la « liberté d'esprit » (p. 121) qui lui permet d'échapper à toutes les superstitions et toutes les croyances dont sont prisonniers les hommes. C'est dans une belle profession de foi humaniste que se lance alors le Pédagogue :

> « Que faites-vous de la culture, monsieur ? Elle est à vous, votre culture [...] Ne vous ai-je pas fait, de bonne heure, lire tous les livres pour vous familiariser avec la diversité des opinions humaines et parcourir cent États, en vous remontrant en chaque circonstance comme c'est chose variable que les mœurs des hommes ? À présent vous voilà jeune, riche et beau, avisé comme un

> vieillard, affranchi de toutes les servitudes et de toutes les croyances, sans famille, sans patrie, sans religion, sans métier, libre de tous les engagements et sachant qu'il ne faut jamais s'engager, un homme supérieur enfin, capable par surcroît d'enseigner la philosophie ou l'architecture dans une grande ville universitaire, et vous vous plaignez !»
>
> (pp. 122-123).

Cette culture dont se vante le Pédagogue ne s'avère être que du vide, comme le montre l'accumulation des privatifs « sans » et la contradiction manifeste entre la disponibilité qu'il revendique et le rôle assigné à cette sagesse : éviter toute sorte d'engagement ! Le relativisme généralisé auquel s'est exercé Oreste ne peut le conduire qu'à une indifférence généralisée pour toute chose. L'adverbe « enfin » de la dernière phrase signale la clausule de la longue période oratoire et semble faire du terme « homme supérieur » une conclusion logique au tableau du Pédagogue. Cependant, une hyperbate, « par surcroît... », ajoute à cette énumération un avenir qui semble quelque peu risible comparé au destin d'homme supérieur précédemment évoqué.

Électre, de même, se moque de la « belle âme » qu'est Oreste aux pages 174-175. Elle évoque alors la confiance qu'entretenait le petit garçon pour les choses qui l'entouraient. Elle renvoie ainsi Oreste au naturel avec lequel il envisageait son existence, le même naturel que celui que décrit Jupiter : « Le Bien est partout, c'est la moelle du sureau, la fraîcheur de la source, le grain du silex... » (p. 233).

Cette confiance, cette adhésion aux choses est l'exact inverse de ce que découvre Antoine Roquentin dans *La Nausée*, à savoir le caractère surabondant de l'existence des choses, des autres et de soi-même. L'existence n'est pas une qualité abstraite, mais une pâte dans laquelle nous baignons et qui suscite cette nausée lorsque nous en prenons conscience. Les choses sont là, injustifiables, entachées de contingence, proches de ce que décrit Égisthe, lorsqu'il invoque Jupiter :

> « Ai-je dit que j'étais triste ? J'ai menti. Il n'est ni triste, ni gai, le désert, l'innombrable néant des sables sous le néant lucide du ciel : il est sinistre »
>
> (p. 192).

Oreste ressent ce vide depuis qu'il connaît son passé (p. 125). La confiance qu'il portait aux choses s'est muée en vide :

> « Moi, je suis libre, Dieu merci. Ah, comme je suis libre. Et quelle superbe absence que mon âme »
>
> (p. 123).

Le « libre arbitre », l'indépendance de pensée dont jouit à ce moment Oreste ne lui permettent pas de savoir ce qu'il doit faire. Il ne fait que flotter, et reste étranger à toute chose, car la disponibilité que lui a apportée son existence passée n'est qu'une forme d'absence d'engagement qui se masque derrière l'affirmation d'une liberté abstraite. L'importance que Sartre accorde à l'évocation de cette conception de la liberté vient de la fascination qu'elle a exercée sur les générations de l'entre-deux-guerres : l'acte gratuit de Gide, comme le meurtre sans motif de Lafcadio dans *Les Caves du Vatican*, est certainement le meilleur exemple de l'intérêt que l'on portait à ce type de liberté (voir p. 108 dans *Échos et correspondances*).

■ Le destin ou la liberté de l'esclave

Sartre signale un second avatar de la liberté : au lieu de revendiquer une liberté si abstraite et si universelle qu'elle conduit à perdre le sens de la réalité, l'homme peut envisager la liberté comme une sorte de nécessité bien comprise. Il s'agirait en quelque sorte de comprendre les déterminismes qui nous conditionnent et d'en prendre acte afin de maîtriser le plus possible la conduite de notre existence. C'est ainsi que Jupiter croit devoir interpréter l'attitude d'Oreste lorsque celui-ci refuse de se repentir :

> « Regarde-toi, créature, impudente et stupide : tu as grand air, en vérité, tout recroquevillé entre les jambes d'un Dieu secourable, avec ces chiennes affamées qui t'assiègent. Si tu oses prétendre que tu es libre, alors il faudra vanter la liberté du prisonnier chargé de chaînes, au fond d'un cachot, et de l'esclave crucifié »
>
> (p. 227).

Sartre fait à ce moment référence à la sagesse antique des stoïciens (voir Épictète), qui visent à montrer que le champ de ma liberté se réduit à ce qui dépend de moi. Ainsi, dans toutes circonstances – et même les plus difficiles comme l'emprisonnement ou la torture qui représentent les conditions extrêmes qu'ont dû affronter par exemple les Résistants –, je serais toujours libre de la conduite de mes pensées qui ne dépendent que de moi.

Cette liberté quelque peu paradoxale peut pourtant s'autoriser d'importants systèmes philosophiques, tant occidentaux qu'orientaux. Elle repose de plus sur un lieu commun très répandu qui consiste à penser que le sage doit acquiescer aux événements s'il ne veut en être la victime.

Mais alors, cette liberté ne diffère pas vraiment du destin qu'Électre se charge de tracer pour son frère :

> « Tu es le petit-fils d'Atrée, tu n'échapperas pas au destin des Atrides. Tu as préféré la honte au crime, libre à toi. Mais le destin viendra te chercher dans ton lit : tu auras la honte d'abord, et puis tu commettras le crime, en dépit de toi-même »
>
> (p. 173).

Selon ce point de vue, Oreste peut bien exercer sa liberté de jugement, il n'en sera pas moins conduit à subir tout ce qui ne dépend pas de lui. Le champ de sa liberté est alors si réduit qu'elle en perd toute valeur et cette liberté bien comprise se révèle fort proche d'une forme de résignation tragique. Alors que la liberté de disponibilité tentait de faire de l'homme une pure transcendance, la liberté comme nécessité bien comprise s'efforce, au contraire, de l'enfermer dans une sorte de facticité, d'empâtement.

■ « Mon chemin »

En quoi consiste alors la liberté que revendique Oreste ? Si elle n'est ni la liberté du détachement, ni la liberté du consentement systématique aux événements, c'est-à-dire ni la liberté du maître, ni la liberté de l'esclave évoquées page 235, par quel critère se reconnaît-elle ?

L'essentiel consiste à ne pas confondre la liberté conçue comme l'accès le plus large au champ des possibles (être libre, c'est **pouvoir** concrètement faire ceci ou cela...) et la liberté conçue comme ce qui définit l'être même de l'homme, qui existe en (se) choisissant. Pour saisir la spécificité de cette seconde définition, il nous faut comprendre le changement qui s'est opéré en Oreste. Au début de la pièce, il désire en finir avec sa condition « d'exilé » (p. 123), et il se compare à un chien :

> « [...] un vieux chien qui se chauffe, couché près du foyer, et qui se soulève un peu, à l'entrée de son maître, en gémissant doucement, pour le saluer, un chien a plus de mémoire que moi : c'est son maître qu'il reconnaît. Son maître. Et qu'est-ce qui est à moi ? »
>
> (p. 122).

L'image de ce chien fait penser au retour d'Ulysse à Ithaque, qui, après son long exil, n'est reconnu tout d'abord que par ce fidèle compagnon. Oreste aspire à quitter cette légèreté qui lui pèse et aller enfin « quelque part », ainsi que le font les autres :

> « Tu m'as laissé cette liberté de ces fils que le vent arrache aux toiles d'araignée et qui flottent à dix pieds du sol ; je ne pèse pas plus qu'un fil et je vis en l'air [...] Il y a des hommes qui naissent engagés : ils n'ont pas le choix, on les a jetés sur un chemin, au bout du chemin, il y a un acte qui les attend »
>
> (p. 123).

Il lui semble que posséder des souvenirs, une identité fixe, être « un homme parmi les hommes » lui permettrait d'échapper à sa condition : « étranger aux autres et à moi-même » (p. 176). Et cependant, après son crime, c'est en tant « qu'exilé » (p. 236) et étranger à soi-même (p. 237) qu'il se proclame libre devant Jupiter. Oreste n'a-t-il donc fait que renoncer à ses ambitions ?

C'est en comprenant le sens du possessif « mon » dans l'expression « mon chemin » (p. 180, p. 237) que l'on peut prendre la mesure de l'évolution d'Oreste. En effet, il ne s'agit plus pour lui de trouver sa place en se créant une identité, une nature qu'il posséderait, un passé ou une situation sociale qui lui donneraient une existence aussi solide et concrète que les choses. Ceci est une illusion dont il se défait à partir du moment où il comprend qu'il ne peut posséder que lui-même, c'est-à-dire sa propre liberté. Il croyait pouvoir se libérer du poids de son vide existentiel en prenant place, « sa » place, parmi les Argiens. En réalité, il ne pourra, comme tout homme, qu'être étranger aux autres et à lui-même. C'est précisément cet exil qui constitue sa liberté, une liberté qui n'est autre que son existence qu'il doit sans cesse poursuivre, et dont il est tout entier seul responsable à chaque instant :

> « Étranger à moi-même, je sais. Hors nature, contre nature, sans excuse, sans autre recours qu'en moi. [...] je suis condamné à n'avoir d'autre loi que la mienne. [...] Je ne peux suivre que mon chemin. Car je suis un homme, Jupiter, et chaque homme doit inventer son chemin »
>
> (p. 237).

Si l'homme est hors ou contre nature, c'est parce que, contrairement aux choses dont la nature est fixe, il n'existe qu'en tant qu'il se choisit continuellement : dans la liberté (en sachant qu'il choisit tout ce qu'il devient) ou dans la mauvaise foi (s'il justifie ses actes en en cherchant les déterminismes, et en faisant dépendre son existence de conditions extérieures, comme la repentance qui n'est qu'un mauvais théâtre moralisateur).

La liberté consiste donc à tenir compte de cette caractéristique proprement humaine, que Sartre énonce sous cette forme en 1946 : « L'existence précède l'essence. » Nous ne sommes pas comme les choses, entièrement déterminés par un ensemble limité de propriétés. Il nous faut, au contraire, sans cesse nous choisir, dépasser notre condition vers de nouveaux possibles. Seule la mort mettra fin à ce mouvement « vers nous-mêmes », ainsi que le dit Oreste à Électre (p. 241), en révélant ainsi « le » chemin qu'il s'était découvert. Être, pour l'homme, c'est donc se choisir continuellement.

Ainsi, la liberté dont se réclame Oreste est l'exact inverse de l'attitude dans laquelle s'enlisent les Argiens : Jupiter, pour amener Électre à se repentir, tente de reconstituer son « roman familial » et de justifier son acte par une jalousie d'enfant :

> « Tu es une toute petite fille. Électre. Les autres petites filles souhaitent de devenir les plus riches ou les plus belles de toutes les femmes. Et toi, fascinée par l'atroce

> destin de ta race, tu as souhaité de devenir la plus douloureuse et la plus criminelle. Tu n'as jamais voulu le mal : tu n'as voulu que ton propre malheur »
>
> (p. 230).

En se plaçant dans le registre moral de l'introspection, une introspection fortement teintée de psychanalyse, Jupiter conduit Électre à ne considérer son crime que comme un acte passé qu'il faudrait expliquer. Mais, comme le lui dit Oreste, c'est en abdiquant ainsi sa liberté qu'Électre devient coupable. En envisageant son acte comme la conséquence de différents facteurs, quels qu'ils soient, Électre se chosifie, se réduit à un ensemble de déterminismes, et refuse alors d'avoir à choisir plus avant.

Oreste, à l'inverse, reste libre parce qu'il sait qu'il est sa liberté (p. 235), qu'il est cette liberté à tout moment, et principalement après le crime, lorsqu'il choisit de ne pas se repentir. En ne regrettant pas son geste, dont cependant il mesure la portée et qui le fait souffrir, il est en accord avec lui-même, « par-delà l'angoisse et les souvenirs » (p. 224). Le choix de cette préposition est significatif, il montre qu'Oreste se choisit librement, continue à exister en se projetant vers l'avenir, alors qu'Électre retourne sa liberté contre elle-même en s'engluant dans le passé qu'elle refuse de reconnaître comme sien et en se livrant en esclavage à Jupiter.

4

ÉCHOS ET CORRESPONDANCES

Sartre innove radicalement tout en retrouvant les racines d'un mythe très important de la culture classique. Son Oreste ne ressemble à aucun des autres modèles dramatiques, picturaux ou appartenant à l'Opéra connus jusqu'alors, et cependant, il assume mieux que tout autre son acte et lui donne tout son sens. Afin d'en saisir la complexité, il convient d'inscrire la pièce de Sartre à l'intérieur de trois réseaux intertextuels essentiels : le premier concerne l'intérêt que l'on porte pendant l'entre-deux-guerres aux mythes antiques, le deuxième touche à la question de la liberté et enfin, le dernier n'est autre que le goût pour la parodie dont Sartre fait preuve.

1 - LE RENOUVEAU DE LA TRAGÉDIE ANTIQUE

Les Mouches s'insèrent, en effet, à l'intérieur de tout un réseau de textes : d'une part, les pièces qui réhabilitent l'usage des mythes antiques au théâtre, et d'autre part les variantes de l'histoire d'Électre et d'Oreste qui, en amont et en aval, constituent une très longue suite de réécritures.

▪ L'usage du mythe

Réactualiser un mythe antique permet de jouir à la fois du caractère intemporel de ce mythe mais aussi d'en faire le vecteur de multiples références historiques : en effet, le monde antique n'est plus considéré pour lui-même, c'est sa nature d'invariant culturel (synonyme très souvent de sagesse, d'harmonie esthétique, de perfection politique...) à l'intérieur de notre culture occidentale qui prime, au détriment de considérations d'ordre historique. Avoir recours à de tels mythes permet donc d'évoquer les préoccupations contemporaines tout en donnant à son propos une forme intemporelle – comme en témoignent les nombreux anachronismes qui n'apparaissent plus réellement comme des irrégularités mais sont d'une certaine manière une caractéristique de ce genre hybride.

Le goût pour le théâtre à sujet mythologique a de nombreuses causes : il se manifeste par la fascination qu'exercent les classiques grecs. Ainsi, Claudel traduit, par exemple, dès 1913 l'*Orestie* d'Eschyle qui est mise en musique par Darius Milhaud. Mais le jeu de réécriture parodique et pleine de préciosité auquel se livre Cocteau montre aussi qu'au respect du modèle antique peut se mêler un désir de provocation et de renouvellement des formes théâtrales. Il n'y a pas qu'au théâtre que l'on fait une relecture des classiques de l'Antiquité : Giono, par exemple, publie en 1930, *Naissance de l'Odyssée* qui démystifie avec ironie les célèbres aventures d'Ulysse.

Il faut, de plus, prendre en compte l'influence de Nietzsche et de ses analyses sur la tragédie grecque dans *La Naissance de la tragédie* : Nietzsche y attaque notamment Euripide, influencé par Socrate, qui sape, selon lui, les fondements dionysiaques de la tragédie (c'est-à-dire l'ouverture au jeu du devenir, aux contradictions entre le besoin de créer et celui de détruire), en privilégiant les forces rationnelles de l'individu. Avec Euripide commence la décadence de cet art, que Nietzsche espère à cette époque retrouver dans toute sa pureté chez Wagner. En Allemagne comme en France, l'intérêt (souvent ambigu) que l'on porte à Nietzsche conduit à voir dans l'Antiquité une source privilégiée d'inspiration et de « régénération » de l'art.

Il est essentiel de voir dans ce courant qui dépasse les dramaturges français – von Hofmannsthal, Eugene O'Neill, T. S. Eliot, se sont eux aussi intéressés à l'histoire d'Électre et d'Oreste – une interrogation sur l'époque moderne. En réécrivant des pièces où dominaient auparavant la Fatalité et la volonté implacable des dieux, ces dramaturges explorent les formes contemporaines du tragique, qu'il s'agisse d'un déterminisme métaphysique, historique, psychologique (comme la fatalité de l'inconscient, chez Cocteau, par exemple), ou enfin de l'absence même de déterminisme : c'est le cas dans le théâtre de Sartre et de Camus dans lequel l'individu est confronté à l'effondrement du divin. Oreste, en prenant conscience de sa liberté, découvre que Jupiter est un égal, confronté comme lui à la solitude et à l'angoisse.

Ce sont bien sûr les bouleversements provoqués par les deux guerres mondiales qui expliquent ce questionnement du tragique moderne : la guerre est une irruption implacable de la mort et de la souffrance dans l'histoire. Elle représente une rupture violente avec l'individualisme bourgeois du XIXe siècle et l'insouciance de ce que l'on a appelé « la belle époque ».

La menace qu'elle incarne évoque d'une certaine manière la fatalité des tragédies antiques. La définition que donne alors Cassandre du Destin, dans *La guerre de Troie n'aura pas lieu*, de Giraudoux : « C'est simplement la forme accélérée du temps » est destinée à donner aux hommes une représentation de leur histoire : le mythe devient un moyen d'articuler les rapports de l'individu, porteur d'exigences de liberté et de bonheur – individu que représente Oreste au début de la pièce – avec les cercles collectifs dans lesquels il est inséré, voire retenu prisonnier : la famille, la classe sociale, la nation...

■ D'Oreste à Électre

Il existe un très grand nombre de pièces relatives à l'histoire des Atrides : Oreste et Électre sont, en effet, d'illustres représentants d'une lignée dont les malheurs nous sont rappelés, en particulier dans l'*Odyssée*. Remarquons que la vengeance d'Oreste est traitée de manière plus large chez les tragiques grecs que ce que n'en ont retenu les dramaturges modernes : Eschyle s'intéresse dans la première pièce de sa trilogie, *Agamemnon*, à la mort de ce grand roi, puis raconte dans *Les Euménides*, dernier volet de la trilogie, le jugement d'Oreste au cours duquel Athéna et Apollon interviennent. Euripide met en scène le meurtre d'Égisthe et de Clytemnestre dans son *Électre*, puis rapporte lui aussi le jugement d'Oreste qui combat Ménélas pour ne pas être condamné. Dans *Iphigénie en Tauride*, Euripide montre Oreste sauvé par sa sœur Iphigénie, qui était devenue la prêtresse d'Artémis.

C'est ensuite l'acte central de la vie d'Oreste qui intéresse de plus en plus les dramaturges qui réécrivent ce mythe : Alfieri publie en 1783 un *Oreste* où dominent la violence et la démesure. Le héros, en cherchant à punir l'usurpateur, y tue par égarement sa mère. Cependant, Oreste est encore un personnage dont l'existence s'inscrit dans un cadre plus large, comme chez Racine, qui s'inspire de la vie d'Oreste après son crime. Celui-ci peint dans *Andromaque* un Oreste transi de passion pour Hermione, égaré par le refus de celle-ci, alors qu'il vient de tuer sur ses ordres Pyrrhus dont elle était éprise et dont elle voulait se venger. Gœthe, de même, réécrit dans *Iphigénie en Tauride*, la guérison d'Oreste sauvé par une femme, Iphigénie.

On peut remarquer qu'au XIXe et au XXe siècle, l'intérêt des dramaturges se porte plus précisément sur la vengeance des enfants d'Agamemnon et se concentre, de plus, sur la figure d'Électre. Le meilleur exemple de cette évolution de la perception de ce mythe n'est autre, bien sûr, que l'*Électre* de Giraudoux. Ce n'est plus à l'action tragique elle-même que l'on s'intéresse, mais aux contradictions d'une justice qui a recours au matricide pour s'exercer et Électre incarne, plus qu'Oreste, l'intransigeance dans la vengeance. En 1944, Marguerite Yourcenar a écrit, elle aussi, une pièce, *Électre ou la chute des masques*, qui n'est publiée qu'en 1954 et dans laquelle on découvre qu'Oreste est le fils d'Égisthe, qu'il finit cependant par tuer. Comme chez Sartre, Électre y ressemble étrangement à sa mère et elle fait preuve d'une énergie qui rend visible, par contraste, la féminisation des personnages masculins.

Certes, Sartre n'est pas le seul à mettre au premier plan Oreste. À la même époque, Anouilh écrit une pièce centrée autour d'Oreste, et dont il publie quelques fragments en 1945. Ils seront repris en 1972 dans *Tu étais si gentil quand tu étais petit*. Cependant, *Les Mouches* apparaissent comme une pièce à part : tout s'y organise autour du personnage d'Oreste, si effacé pendant la première moitié de la pièce et si imposant ensuite. Sartre est le seul dramaturge à distinguer à tel point Oreste des autres acteurs du drame. Ce ne sont plus les caractères qui l'intéressent, il ne réfléchit pas aux motivations de ce crime, mais en fait l'exemple d'une réflexion sur la manière dont un homme assume son acte.

■ « Pour un théâtre de situations »

L'originalité de la pièce de Sartre réside donc dans le renouvellement qu'il propose des formes théâtrales. Ses contributions sur le théâtre, sous forme d'articles ou de conférences, notamment après la guerre, montrent, en effet, son intérêt pour la théorie dramaturgique. L'article « Pour un théâtre de situations », paru dans *La Rue* en novembre 1947 est sur ce point fondamental.

Sartre y montre que la grande tragédie a pour ressort principal « la liberté humaine » : « La fatalité que l'on croit constater dans les drames antiques n'est que l'envers de la liberté. » À la tragédie, il oppose le théâtre psychologique qu'il définit comme un « conflit de caractères ». Il s'agit d'un jeu de forces dans lequel tout est joué d'avance et qui conduit à masquer le véritable intérêt du théâtre : « montrer au théâtre des situations simples et humaines et des libertés qui se choisissent dans ces situations ». Sartre préconise de privilégier les « situations-limites », car alors, la liberté se découvre à son plus haut degré. Le degré d'universalité de ces situations extrêmes provoque l'unité du public et fait du théâtre une réponse directe aux questions essentielles d'une époque particulière.

En accordant toute son importance aux actes et aux conditions dans lesquelles ces actes sont accomplis, Sartre entend créer une communion entre les spectateurs (ou les lecteurs) de la pièce. Le théâtre devient un « champ clos » où sont exposés des « conflits de droits » fondamentaux intéressant chacun de nous. (Voir dans *Un théâtre de situations* le texte intitulé « Le Style dramatique »).

C'est donc à une réévaluation de la tragédie antique, c'est-à-dire des origines mêmes du théâtre, que se livre Sartre. *Les Mouches* sont à la fois un retour aux sources et la création d'une nouvelle conception de l'art dramatique. Or, cette nouvelle conception a pour centre vital la question de la liberté.

2 - ORESTE : DE LA DISPONIBILITÉ À LA LIBERTÉ

La réception de la pièce de Sartre a manifestement été faussée par la difficulté qu'ont eue ses premiers spectateurs à comprendre la conception extrêmement novatrice qu'il y exposait de la liberté. On a, par exemple, pu interpréter le geste d'Oreste comme un acte individualiste, voire anarchiste. Il est donc essentiel de voir dans quel contexte référentiel se situait Sartre à l'époque où il a écrit et fait jouer sa pièce.

■ La disponibilité gidienne

Gide constitue une référence essentielle : il est en tant qu'auteur des *Faux-Monnayeurs*, mais aussi en tant que responsable de la plus importante revue française, la NRF, une personnalité incontournable. Dès *Les Nourritures terrestres* (1897), il place la disponibilité au centre de son propos : « Chaque nouveauté doit nous trouver tout entiers disponibles. » Gide appelle alors, dans ce texte au ton prophétique, à se libérer des contraintes sociales, la famille, la morale, la religion – remarquons que le Pédagogue se félicite précisément, page 122, d'avoir libéré Oreste de ces contraintes :

« affranchi de toutes les servitudes et de toutes les croyances, sans famille, sans patrie, sans religion, sans métier ».

La disponibilité dont parle Gide est à la fois une disposition à l'accueil et une recherche active de découvertes et de nouvelles sensations. Elle est une invitation au voyage, un refus de l'enlisement – le parallèle avec Oreste s'imposant à nouveau : celui-ci n'est au début de la pièce que de passage à Argos et le Pédagogue déclare qu'il pourrait, grâce à tous les voyages qu'il a faits, « écrire un guide de Grèce » (p. 122) !

Mais c'est « l'acte gratuit » de Lafcadio dans *Les Caves du Vatican*, devenu un modèle de la liberté gidienne, qui a connu le plus grand succès. Ce succès a pu fausser la lecture du texte, puisque Gide a admis par la suite qu'il ne pouvait exister d'acte sans déterminisme. Néanmoins, on a accordé une grande importance au meurtre commis par le jeune homme. Celui-ci se trouve dans le train, seul avec un homme qu'il ne connaît pas et s'amuse à l'idée de commettre un « crime immotivé » qui dérouterait la police. Il décide de passer son compagnon de voyage par la fenêtre s'il voit dans la campagne plongée dans l'obscurité un quelconque feu avant de compter jusqu'à douze, compte jusqu'à dix et le pousse. On a pu voir dans l'acte d'Oreste une même absence de motivation. Et cependant tout sépare Oreste, revendiquant entièrement son acte, et Lafcadio, bientôt dépassé par les événements et manipulé par Protos qui l'a vu commettre ce crime.

Cette conception de la liberté comme disponibilité aux événements n'a bien sûr pas pour seul représentant André Gide. Les surréalistes se sont illustrés comme les meilleurs théoriciens et « praticiens » de la libération des carcans de la pensée. Les valeurs sociales, les modes traditionnels de pensée et le fonctionnement habituel du langage, tout cela est contesté par ce mouvement issu de la Première Guerre mondiale. André Breton porte ainsi une très grande attention au hasard et au merveilleux. Le poétique n'est plus le résultat d'un agencement technique des mots. Il doit être guetté à tout instant et nécessite une disponibilité dont Breton nous donne l'exemple dans *Nadja* ou dans *L'Amour fou*. Louis Aragon témoigne lui aussi des vertus de la quête d'une mythologie moderne dans *Le Paysan de Paris*. Les surréalistes, dont l'influence littéraire a été considérable, sont donc au moment de la Seconde Guerre mondiale un modèle (ou plutôt, selon l'idéologie vichyssoise, un contre-modèle) pour penser la liberté.

▪ La question de la liberté pour Sartre

Cette question est devenue essentielle pour Sartre bien avant l'Occupation. *Les Mouches* présentent de manière condensée une réflexion qui est le fil conducteur de trois romans qui composent *Les Chemins de la liberté*. Or, Sartre termine d'écrire le premier tome de cette suite romanesque, *L'Âge de raison*, juste avant de commencer, en octobre 1941, la composition des *Mouches*.

L'Âge de raison peut être décrit comme le récit de la crise de Mathieu Delarue, professeur de philosophie, dont toute l'existence se voit remise en cause. Celle-ci a toujours été gouvernée par une exigence de liberté : « être libre. Être cause de soi, pouvoir dire : je suis parce que je le veux » ; « [...] son unique soin avait été de se garder disponible. Pour un acte » (p. 65). Mais cette liberté lui semble désormais dérisoire.

Ainsi, son frère Jacques, à qui il est venu emprunter de l'argent pour payer l'avortement de Marcelle, la femme qu'il fréquente depuis plusieurs années tout en refusant le mariage, touche juste lorsqu'il lui déclare :

> « Ce que tu te caches, dit Jacques, c'est que tu es un bourgeois honteux. [...] tu as tous les avantages du mariage et tu te sers de tes principes pour en refuser les inconvénients. [...] J'aurais cru, moi, dit Jacques, que la liberté consistait à regarder en face les situations où l'on s'est mis de son plein gré et à en accepter toutes ses responsabilités»
>
> (pp. 131-132).

Mathieu doute de cette « liberté pour rien » qui est la sienne. Son ami, Brunet, tente de le convaincre d'entrer au Parti communiste, à un moment où la guerre d'Espagne fait rage : « Mais à quoi ça te sert-il, la liberté, si ce n'est pas pour s'engager ? Tu as mis trente-cinq ans à te nettoyer et le résultat c'est du vide » (p. 146). Brunet applique à Mathieu les mêmes images que celles que choisit Oreste pour décrire son état :

> « Tu vis en l'air, tu as tranché tes attaches bourgeoises, tu n'as aucun lien avec le prolétariat, tu flottes, tu es un abstrait, un absent »
>
> (p. 146, comparer avec les pp. 123, 176 dans *Les Mouches*).

Ainsi, derrière la « disponibilité » qu'il s'est efforcé de protéger, Mathieu prend conscience de la véritable signification de sa liberté, sans encore oser, contrairement à Oreste, agir en conséquence :

> « "Non, non, ce n'est pas pile ou face. Quoi qu'il arrive, c'est par moi que tout doit arriver." Même s'il se laissait emporter comme un vieux sac de charbon, il aurait choisi sa perdition : il était libre, libre pour tout, libre de faire la bête ou la machine, libre pour accepter, libre pour refuser, libre pour tergiverser ; épouser, plaquer, traîner des années ce boulet à son pied : il pouvait faire ce qu'il voulait, personne n'avait le droit de la

conseiller, il n'y aurait pour lui de Bien ni de Mal que s'il les inventait »

(p. 300).

Il ne s'agit plus ici de se garder prêt pour les meilleures occasions, mais de comprendre que tout acte est un choix qui n'appartient qu'à celui qui pose cet acte, librement. Les événements dramatiques de la guerre amèneront alors Mathieu à donner toute sa dimension à cette prise de conscience qui est aussi celle d'Oreste.

■ « Jamais nous n'avons été plus libres que sous l'Occupation »

Il reste à souligner l'importance de la guerre pour la compréhension de la véritable signification de la liberté pour Sartre. Sur ce point, il a écrit à la Libération, dans *Situations III*, des textes très importants sur les événements qui venaient d'avoir lieu, comme « Paris sous l'Occupation » ou « La République du silence ». C'est de ce dernier article, publié en 1944 dans *Les Lettres françaises*, qu'est tirée la citation qui précède.

Sartre y montre que sous l'occupation allemande, les Français ont perdu tous leurs droits : droits d'opinion, d'expression, d'association... Jamais les conditions d'existence n'ont été aussi hostiles : discrimination, délation, torture ; des conditions qui constituaient une toile de fond sur laquelle l'acte le plus anodin se détachait et prenait un relief inhabituel. Chaque décision se prenant sur fond de mort, de violence policière, chacun devait envisager les conséquences de son acte et l'urgence de la situation mettait en évidence l'entière liberté de chacun. Refuser de cacher un juif ou un résistant traqués, faire passer des informations pour lesquelles on risquait la torture et la mort, tout conduisait à prendre conscience que chacun était « libre et seul, sans aide et sans excuse, condamné à décider sans recours possible, condamné pour toujours à être libre » (*L'Âge de raison*, p. 300).

« Cette responsabilité totale dans la solitude totale, n'est-ce pas le dévoilement même de notre liberté ? » (*Situations III*, p. 13).

3 - SARTRE PARODISTE

Les Mouches peuvent être lues comme un texte où se croisent plusieurs références à un auteur, une philosophie ou encore un discours plus général comme celui de la religion. En effet, Sartre, en choisissant un tel titre, a donné à sa pièce un caractère symbolique qui lui permet d'évoquer certains modèles culturels essentiels. Ces références sont l'objet d'un jeu de renversements ironiques dont nous avons déjà rencontré un exemple important, lors de l'analyse de l'exhortation finale de Jupiter.

▪ Contre Pascal

L'une des références principales des *Mouches* semble être ce grand penseur du tragique de la condition humaine. Pascal (1623-1662) a laissé un recueil de fragments, *Les Pensées*, qui devaient conduire à la rédaction d'une *Apologie de la religion chrétienne*. Il s'agissait d'amener les libertins à se convertir en satisfaisant aux besoins de réflexion tout en s'efforçant d'humilier la raison afin d'ouvrir l'esprit à la lumière de la Révélation.

Pascal entreprend donc, dans un premier temps, d'évoquer la condition de l'homme sans Dieu : tout y reflète une misère que chacun essaie de se cacher à lui-même. L'homme est pris, écrasé entre deux infinis, de grandeur et de petitesse (cf. le discours de la création de Jupiter, page 233). Tout en lui est voué à l'illusion :

l'imagination, l'arbitraire des coutumes et des lois humaines, l'impossibilité d'atteindre une science certaine. Nous nous adonnons aux « divertissements » afin d'oublier que nous ne sommes « qu'inconstance, ennui, inquiétude ».

Pascal s'efforce ensuite d'amener son interlocuteur, le libertin, à parier pour l'existence de Dieu : « Il faut parier. Cela n'est pas volontaire, vous êtes embarqué. » Tout pousse à parier en ce sens, « Car enfin, qu'est-ce qu'un homme dans la nature ? Un néant à l'égard de l'infini, un tout à l'égard du néant, un milieu entre rien et tout, infiniment éloigné de connaître les extrêmes ». Comme Jupiter, Pascal oppose à cette déréliction humaine la supériorité du Créateur : « L'auteur de ces merveilles les comprend. Tout autre ne peut le faire. »

Sartre se joue alors du discours de Pascal. À la page 237, Oreste déclare à Jupiter : « Qu'y a-t-il de toi à moi ? Nous glisserons l'un contre l'autre sans nous toucher, comme deux navires », variante parodique du célèbre « vous êtes embarqué » (c'est d'ailleurs sur un bateau que Jupiter a commencé son office d'espion empressé, cf. p. 109).

L'exclamation d'Électre au moment du meurtre de sa mère : « Joie ! Joie ! Je pleure de joie » (p. 208) est une référence évidente au cri de Pascal lors de la nuit de sa conversion, le 23 novembre 1654, tel qu'il a été consigné dans *Le Mémorial* qu'il portait cousu à l'intérieur de sa veste : « Joie, joie, joie, pleurs de joie. »

Sartre parodie encore une citation très connue de Pascal : « Le cœur a ses raisons que la raison ne connaît pas », exemple devenu classique de la figure de l'antanaclase, c'est-à-dire de la répétition d'un même mot pris en deux sens différents : le Pédagogue déclare en effet, page 243 : « Que je regrette le doux pays d'Attique, où c'était ma raison qui avait raison. »

On peut enfin voir dans l'affirmation suivante d'Oreste : « La nature a horreur de l'homme » (p. 237) une référence au célèbre principe « La nature a horreur du vide » que Pascal a refuté lors d'une expérience qui fit date.

▪ La religion

Le jeu de citation et de subversion des références empruntées à la religion chrétienne est lui aussi très important. Il peut ne s'agir que de mots appartenant au registre de la théologie, comme « péché » (p. 154) ou « expier » (p. 182).

Mais c'est le plus souvent par la reprise d'une image plus générale que s'opère le détournement du discours chrétien : ainsi, l'image de la « brebis », souvent employée dans l'Ancien et le Nouveau Testaments, sert chez Sartre à désigner la peur de la contamination. À la page 168, Égisthe menace de faire abattre Électre « comme une brebis galeuse ». Celui-ci déclare encore, en apprenant qu'Oreste a découvert qu'il était libre :

> « Un homme libre dans une ville, c'est comme une brebis galeuse dans un troupeau. Il va contaminer tout mon royaume et ruiner mon œuvre »
>
> (p. 203).

C'est à nouveau cette image qu'emploie Jupiter pour se moquer d'Oreste, à la page 236 : « Dois-je admirer la brebis que la gale retranche du troupeau, ou le lépreux enfermé dans son lazaret ? » Or Sartre a pris soin de placer auparavant dans la bouche de Jupiter les paroles du Christ pour expliquer son rôle parmi les hommes : « Je suis venu pour vous sauver » (p. 228). Cette mission l'amène cependant à infléchir le sens de la parabole de la brebis perdue (Mt **18**, 12-14, Lc **15**, 3-7) à laquelle le Christ a recours dans la Bible. Par l'intermédiaire d'Égisthe, secondé du Grand Prêtre, Jupiter devient un surveillant implacable, prêt à abattre la brebis qui risque de contaminer le troupeau, alors que le Christ déclarait que le bon berger est prêt à abandonner tout son troupeau pour retrouver une seule de ses brebis égarée.

Comme nous le voyons, les références à la religion sont avant tout diffuses, il s'agit de touches, de clins d'œil, comme la référence à un enfer, à la page 158, le projet d'Oreste de prendre sur lui tous les péchés, à la page 182, ou encore l'image de « l'esclave crucifié » (p. 227) qu'emploie Jupiter et qui fait là aussi inévitablement penser au Christ. Et cela d'autant plus que les paroles finales d'Oreste font écho de manière troublante avec les paroles du Messie :

> « J'étais venu réclamer mon royaume et vous m'avez repoussé parce que je n'étais pas des vôtres. À présent, je suis des vôtres, ô mes sujets, nous sommes liés par le sang, et je mérite d'être votre roi. Vos fautes et vos remords, vos angoisses nocturnes, le crime d'Égisthe, tout est à moi, je prends tout sur moi »
>
> (p. 246).

Comme le Christ (voir Jean **1**, 9-12), Oreste n'a pas été reconnu des siens, mais il se lie à eux « par le sang ». Cependant, Oreste ne revendique aucune royauté, il s'esquive à la fin de son discours et entraîne avec lui les Érinnyes.

▪ Les clins d'œil culturels

Sartre affirma après la guerre ne pas avoir voulu écrire une satire antireligieuse et le réseau intertextuel de sa pièce ne se limite pas, en effet, au seul discours de la religion. Il fait référence ainsi à d'autres dramaturges.

Nous avons déjà évoqué les clins d'œil faits à Giraudoux, ou à Shakespeare (p. 192), auxquels s'ajoutent Cocteau et Anouilh que Sartre semble viser lorsqu'il fait dire à Électre, à la page 184 :

> « À présent, les instants vont s'enchaîner comme les rouages d'une mécanique, et nous n'aurons plus de répit jusqu'à ce qu'ils soient couchés tous les deux sur le dos, avec des visages pareils aux mûres écrasées. »

Cette mécanique est comme une nouvelle *Machine infernale* qui accomplit l'action d'une manière implacable et propre, comme cela nous est aussi décrit dans l'*Antigone* d'Anouilh.

Sartre peut encore regarder du côté de la philosophie, et notamment de Nietzsche, à la lumière duquel on a cherché, au moment de la représentation de la pièce, à l'interpréter de manière abusive. Le critique d'un journal allemand a vu dans l'acte d'Oreste le signe d'une affirmation aristocratique de l'individu, allant au-delà des valeurs établies. Or, ce n'est pas, semble-t-il, le thème du « surhomme », cher aux nazis, que Sartre a retenu de Nietzsche, mais bien plutôt les analyses du philosophe portant sur le ressentiment comme force de revanche des faibles sur les forts. Ainsi, le discours du Grand Prêtre, à la page 156, fait des morts, qui n'ont plus rien à eux que leur « grand dépit », l'outil de l'asservissement du peuple argien voué au remords. Sartre, de plus, fait du geste d'Oreste un nouveau « crépuscule des dieux », et évoque ainsi Wagner, comme le montrent les paroles de Jupiter, page 238 : « Eh bien, Oreste, tout ceci était prévu. Un homme devait venir annoncer mon crépuscule. » Il ne s'agit pas du « Dieu est mort » de Nietzsche, et pourtant une rupture tout aussi essentielle se produit dans l'histoire des hommes.

5

ANNEXES

1 - LA RÉCEPTION IMMÉDIATE DES *MOUCHES*

▪ La réception guidée par Sartre

Tout auteur contribue, par un ensemble de textes entourant la publication de son œuvre, à en conditionner l'interprétation. Ceci représente un enjeu d'autant plus essentiel pour Sartre qu'il doit, pendant l'Occupation, tromper les foudres de la censure, et après la Libération, se défendre des soupçons qui pèsent sur sa pièce.

Lors de la publication de la pièce, en 1943, Sartre écrivit un prière d'insérer destiné à présenter le texte aux critiques et dans lequel ceux-ci pouvaient lire :

> «La tragédie est le miroir de la Fatalité. Il ne m'a pas semblé impossible d'écrire une tragédie de la liberté puisque le Fatum antique n'est que la liberté retournée. Oreste est libre pour le crime et par-delà le crime : je l'ai montré en proie à la liberté comme Œdipe est en proie à son destin. [...] Car la liberté n'est pas je ne sais quel pouvoir abstrait de survoler la condition humaine : c'est l'engagement le plus absurde et le plus

inexorable. Oreste poursuivra son chemin, injustifiable, sans excuses, sans recours, seul. Comme un héros. Comme n'importe qui. »

Sartre accorde de plus une interview à Yvon Novy, « Ce que dit Jean-Paul Sartre de sa première pièce », publiée dans *Comœdia*, le 24 avril 1943. Cette interview dans un journal subventionné par l'Institut allemand sera plus tard retenue contre lui.

> « J'ai voulu traiter de la tragédie de la liberté en opposition avec la tragédie de la Fatalité. En d'autres mots, le sujet de ma pièce peut se résumer ainsi : "Comment se comporte un homme en face d'un acte qu'il a commis, dont il assume toutes les conséquences et les responsabilités, même si par ailleurs cet acte lui fait horreur." [...] Libre en conscience, l'homme qui s'est haussé à ce point de lui-même ne deviendra libre en situation que s'il rétablit la liberté pour autrui, si son acte a pour conséquence la disparition d'un état de chose existant et le rétablissement de ce qui devrait être. »

C'est donc en des termes philosophiques que Sartre parle de sa pièce, même s'il est aisé de lire à travers les lignes des allusions à l'Occupation. Cependant dès avant la Libération, Sartre s'emploie à donner des *Mouches* une interprétation en contexte, et ainsi à en faire une pièce « résistante », comme le montre cet extrait d'un texte publié dans *Carrefour*, en septembre 1944 :

> « Le véritable drame, celui que j'aurais voulu écrire, c'est celui du terroriste qui, en descendant des Allemands dans la rue, déclenche l'exécution de cinquante otages. »

ou cet autre extrait d'un texte publié dans *Verger*, en juin 1947, et qui donne de la pièce une autre lecture :

> « Après notre défaite de 1940, trop de Français s'abandonnaient au découragement ou laissaient s'installer en

eux le remords. J'ai écrit *Les Mouches* et j'ai essayé de montrer que le remords n'était pas l'attitude que les Français devaient choisir après l'effondrement de notre pays. Notre passé n'était plus [...] Mais l'avenir – bien qu'une armée ennemie occupât la France – était neuf. Nous avions prise sur lui, nous étions libres d'en faire un avenir de vaincus ou, au contraire, d'hommes libres qui se refusent à croire qu'une défaite marque la fin de tout ce qui donne envie de vivre une vie d'homme. »

■ L'échec des *Mouches*

La critique des *Mouches* est dans l'ensemble mauvaise (près de deux tiers des critiques sont hostiles). La portée philosophique de la pièce n'est pas saisie, les critiques jugent avant tout en fonction de critères esthétiques et ont pour modèle de bon goût et de virtuosité l'*Électre* de Giraudoux. Cependant, un article paru dans *Comœdia* signale le « retentissement » de la pièce « chez les jeunes qui y ont vu une prise de contact avec un monde nouveau et ressenti une sensation de découverte ».

Alain Laubreaux, critique fasciste très important pendant l'Occupation, attaqua violemment Sartre et Dullin, tout d'abord dans *Le Petit Parisien*, puis avec trois articles dans *Je suis partout*. Le premier de ces articles était intitulé : « L'épate de Mouches ».

Les articles favorables au spectacle ne le sont pas pour des raisons directement liées au contenu même du texte. Henri Bonnat, appartenant à la Résistance intellectuelle, porte la pièce aux nues. Henri Ghéon, critique catholique, défend lui aussi Sartre. Thierry Maulnier, intellectuel d'extrême-droite, semble avoir bien mieux compris la pièce qu'il défend contre la critique.

■ Michel Leiris dans *Les Lettres françaises*

Mais c'est de la Résistance que viennent les critiques les plus pertinentes et les plus favorables, comme l'article que Maurice Merleau-Ponty signa dans *Confluence*, pendant l'automne 1943, et surtout l'article de Michel Leiris, paru en décembre 1943 dans *Les Lettres françaises* :

> « [...] Dressé contre le pouvoir spirituel d'un Dieu cauteleux et le pouvoir temporel qu'incarne Égisthe le soudard, l'acte d'affirmation de soi accompli par Oreste prend figure de révolution. Aussi éloigné du septicisme confortable qu'il tenait de sa culture humaniste et libérale que de la révolte élémentaire d'Électre qui n'est qu'aveugle déchaînement, pareillement dédaigneux de la vie trop facile qu'on mène dans une cité telle que Corinthe et de la dévotion tremblante aux morts en laquelle se complaisent les habitants d'Argos, Oreste a brisé le cercle fatal, frayé la voie qui mène du règne de la nécessité à celui de la liberté. Mais il ne saurait être question, pour lui, d'une prise de pouvoir : libre, Oreste a rompu le cercle et n'a donc pas à dominer les autres, à traiter autrui comme une chose ; parce qu'il est sans chaînes, il n'a pas besoin d'enchaîner. Un chef, d'ailleurs, n'est-il pas nécessairement lié à son peuple par des liens de dépendance réciproque et, dans le cadre de rapports impliquant un esclavage, peut-il être question, pour quiconque, d'une vraie liberté ? De sa propre liberté est corollaire la liberté qu'Oreste laisse aux autres, puisqu'il ne pourrait imposer des lois sans, du même coup, en être dupe lui-même.
>
> Aux gens d'Argos, après les avoir délivrés de cette grande peur qu'il faut avoir parce que "c'est comme cela qu'on devient un honnête homme", Oreste se bornera à léguer son exemple : à chacun de faire comme lui et d'accomplir le saut, s'engageant dangereusement et de sa propre décision dans la voie aride ainsi inaugurée, à l'encontre d'un Bien qui n'est autre que « leur Bien »,

celui des hommes aliénés à eux-mêmes par le respect d'un ordre établi. “Je ne suis ni le maître, ni l'esclave, Jupiter. Je *suis* ma liberté”, dit Oreste, qui déclare peu après que “chaque homme doit inventer son chemin”. »

2 - JUGEMENTS CRITIQUES ET ÉTUDES

■ Le témoignage de Simone de Beauvoir

La biographie (*La Force de l'âge*, *La Force des choses*) de Simone de Beauvoir est une source essentielle de renseignements sur les conditions dans lesquelles Sartre a écrit puis fait jouer sa pièce. Plus encore, elle est un témoignage direct de l'évolution de Sartre durant la guerre. Voici comment elle raconte la genèse de la pièce :

> «Ce fut à l'occasion des *Suppliantes* que Sartre conçut d'écrire une pièce. Les deux Olga y figureraient. Barrault les aimait bien et, au cours des répétitions, elles lui demandèrent comment il fallait s'y prendre pour arriver enfin à jouer un vrai rôle : “Le meilleur moyen, ce serait que quelqu'un écrivît une pièce pour vous”, répondit-il. Et Sartre pensa : “Pourquoi pas moi ?” Au Stalag, il avait composé et mis en scène une pièce, *Bariona* ; le sujet apparent de ce “mystère” était la naissance du Christ ; en fait, le drame traitait de l'occupation de la Palestine par les Romains, et les prisonniers ne s'y étaient pas trompés : ils avaient applaudi, la nuit de Noël, une invitation à la résistance. Voilà le vrai théâtre, avait pensé Sartre : un appel à un public auquel on est lié par une communauté de situation. Cette communauté existait entre tous les Français, que les Allemands et Vichy exhortaient quotidiennement aux remords et à la soumission : on pouvait trouver un moyen de leur parler de révolte, de liberté. Il com-

mença à chercher une intrigue à la fois prudente et transparente »

(*La Force de l'âge*, p. 499).

▪ Francis Jeanson

Son étude sur l'œuvre de Sartre s'ouvre sur une longue analyse des *Mouches*, qui lui semble une pièce fondamentale, comme il l'écrit à la page 24 :

> « [...] si peu qu'on interroge l'attitude d'Oreste dans *Les Mouches*, c'est la totalité des problèmes sartriens qu'on voit aussitôt surgir, au point que l'œuvre de Sartre dans son ensemble pourrait sans trop d'exagération être comprise comme le commentaire, la critique et le dépassement de la conception de la liberté que propose cette pièce ».

▪ Lucien Goldmann

Lucien Godmann a publié dans *Structures mentales et création culturelle* une série d'articles et d'études visant à établir une sociologie de la littérature d'ambition scientifique. Dans « Le Théâtre de Jean-Paul Sartre », il présente *Les Mouches* comme une pièce où Sartre pose le problème « de l'engagement et de la solitude qui résulte de cet engagement » :

> « C'est à partir de l'Acte III qu'apparaît la problématique de l'individualisme existentialiste. Oreste a enfin trouvé le sens de sa vie, il est devenu un homme libre en s'engageant dans la lutte pour la libération d'Argos, mais son acte ne saurait en aucun cas libérer que lui-même. Si en effet la liberté des autres est le seul objet de l'acte libre d'un homme, les autres ne sauraient jamais être libérés par procuration, par un acte ou une série d'actes qu'ils n'auraient pas accomplis eux-mêmes. [...] Lorsque la fin approche, Oreste reste seul, contre Jupiter, contre Électre, en proie à l'hostilité des Érinnyes et des habitants d'Argos qui lui reprochent d'avoir tué leur roi : bien qu'autrui soit l'objet de son

action, l'homme libre reste pour toujours et éternellement solitaire. J'ai dit "Lorsque la fin approche" car, là aussi, apparaît une autre idée essentielle de la pensée existentialiste : pour l'individu, aucun engagement, aucun acte ne saurait assurer plus qu'une liberté provisoire, nécessairement bornée par la limite infranchissable, la mort. Plus tôt ou plus tard, tout pour-soi, même le plus conscient et le plus libre, se transforme en en-soi. »

▪ René Girard et la révélation du mimétisme

René Girard, dans une étude des *Mouches* et des *Séquestrés d'Altona*, montre que les différences se révèlent toujours illusoires, elles cachent une identité plus profonde entre les personnages.

> « Au niveau de l'action dramatique, des ressemblances transparaissent plutôt que des différences. De même qu'Égisthe est poussé, lui aussi, par une femme, Oreste assassine le souverain régnant. De même qu'Égisthe, Oreste fait de son crime un instrument de prestige, un objet de fascination. Égisthe, dira-t-on, se veut fascinant pour réduire le peuple en esclavage, Oreste veut libérer. Mais n'est-il pas contradictoire de mettre la fascination au service de la liberté ? La fascination n'est-elle pas toujours une forme d'esclavage ?
>
> [...] Dans l'ordre éthique, la tragédie n'a pas de message, et s'il est un message de cette absence de message, c'est le cercle vicieux lui-même, la répétition de l'identique, le malheur où chacun retombe par sa volonté même de le briser, dans un recours toujours vain à une violence plus extrême. [...] La réciprocité d'Oreste et d'Égisthe, cette identité dont nous constations dans *Les Mouches* la présence sourdement maintenue, c'est l'empreinte indestructible de l'identique, sous-jacente aux différences alléguées par l'auteur, c'est la permanence du mythe, tel le roc qui affleure sous le sable. »

3 - GLOSSAIRE

A

Acmé : dans la cadence d'une phrase, désigne l'articulation entre les deux orientations intonatives qui l'encadrent, la protase et l'apodose (respectivement ascendante et descendante) – plus généralement, apogée, point culminant.

Actant : cette notion, utilisée par Propp pour son étude des contes populaires, est appliquée au théâtre pour désigner non pas les personnages, mais des éléments récurrents et nommables (personnages, entités collectives, abstraction...) ayant une fonction dans le récit. Ces éléments s'organisent en un schéma correspondant à la structure narrative.

B

Bouc émissaire : dans la religion hébraïque, bouc chargé de tous les péchés, que le prêtre sacrifie le jour de la fête des Expiations – personne que l'on charge de toutes les fautes (voir *La Violence et le sacré* de René Girard).

Casuistique : partie de la théologie morale qui s'occupe des cas de conscience – désigne une sophistique, un goût complaisant pour les subtilités.

Clausule : dernier membre d'une phrase, d'une strophe...

Cothurnes : chaussures à semelle très épaisse utilisées par les acteurs des tragédies antiques.

D

Déictiques : signes linguistiques dont le référent n'est déterminé que par rapport à la situation d'énonciation : certains pronoms personnels (je, tu), certains adjectifs démonstratifs, certains adverbes (hier/aujourd'hui, ici/là...), le présent d'énonciation, l'impératif...

De Profundis : sixième des sept psaumes de la Pénitence que l'on dit dans les prières pour les morts.

Deus ex machina : au théâtre, personnage ou événement dont l'intervention inopinée apporte un dénouement à une situation sans issue.

E

Éponyme : le personnage éponyme est celui qui donne son nom au livre. Madame Bovary, par exemple.

Éros : terme désignant en grec le désir ; souvent personnifié. Chez Freud, énergie sexuelle, libido, opposée à l'instinct de mort, Thanatos.

H

Hyperbate : figure par laquelle on ajoute à la phrase qui paraissait terminée une épithète, un complément ou une proposition.

I

Intertextuel : présence d'un ou plusieurs textes dans un autre texte, sous forme de citation, de plagiat, ou d'allusion (voir *Palimpsestes* de G. Genette).

M

Mise en abyme : procédé spéculaire par lequel une œuvre d'art est transposée à l'intérieur même de l'œuvre : la scène de la comédie dans *Hamlet* ou les réflexions d'Édouard sur l'écriture romanesque dans *Les Faux-Monnayeurs.*

P

Parangon : type, exemple parfait : un parangon de vertu.

Performatif : énoncé dont la seule énonciation suffit à accomplir l'acte désigné : « je vous remercie », « je te baptise », « la séance est ouverte »...

Pharisaïsme : en son sens courant, désigne une ostentation dans l'exercice de la religion, une dévotion théâtralisée, et plus généralement, l'hypocrisie.

Propitiatoire : rite, sacrifice accompli afin de se rendre propice Dieu ou le dieu.

R

Roman familial : notion freudienne désignant le récit par lequel un sujet s'invente une autre famille que la sienne (voir les analyses de Marthe Robert dans *Roman des origines et origines du roman* où celle-ci met en évidence deux figures inconscientes essentielles : l'enfant trouvé et le bâtard).

S

Spéculaire : relatif au miroir. Hallucination spéculaire : hallucination visuelle où le sujet croit voir sa propre image, comme s'il se regardait dans un miroir.

T

Théodicée : mot créé par Leibniz pour désigner la justification de la bonté de Dieu en dépit du mal qui existe dans le monde.

4 - ORIENTATION BIBLIOGRAPHIQUE

Toutes les références à des textes de Sartre renvoient aux éditions Gallimard, « Folio ».

■ Œuvres de Sartre

Un théâtre de situations, Gallimard, « Folio essais », 1973.

Lire en priorité les textes publiés avant ou pendant la guerre :

L'Âge de raison, Gallimard, « Folio », 1945. Premier tome des *Chemins de la liberté.*

Le Mur, Gallimard, « Folio », 1939.

Huis clos, dans la même édition que *Les Mouches*, Gallimard, « Folio », 1947.

Le chapitre « La mauvaise foi », dans *L'Être et le Néant*, (expliqué dans le *Profil Philosophie*, n° 702, éditions Hatier, par Marc Wetzel).

Situations, III, Gallimard, NRF, 1949.

■ Biographie

Simone DE BEAUVOIR, *La Force de l'âge*, Gallimard, « Folio », 1960.

Annie COHEN-SOLAL, *Sartre 1905-1980*, Gallimard, « Folio essais », 1985.

■ Études critiques

Jeannette COLOMBEL, *Sartre*, tome I et II, Le Livre de poche, coll. « Textes et débats ». Une étude de l'ensemble de l'œuvre de Sartre.

Francis JEANSON, *Sartre*, Le Seuil, coll. « Écrivains de toujours », 1974.

Ingrid GALSTER, *Le Théâtre de Sartre devant ses premiers critiques*, Jean-Michel Place, 1986. Porte sur *Les Mouches* et *Huis clos.*

Cependant, bien sûr, il n'est **nécessaire** de lire que *Les Mouches.*

Aubin Imprimeur
LIGUGÉ, POITIERS

Achevé d'imprimer en février 1999
N° d'impression L 57729
Dépôt légal février 1999
Imprimé en France